밤의 서랍

밤의 서랍

임현택 산문집

정출판

책을 열며

내 마음속에 소중하게 간직해 온 서랍이 있습니다. 그 안에는 차마 말하지 못한 사연, 떠올리면 아련해지는 기억들이 소곳이 들어 있습니다. 오래 간직하고 싶은 가족의 추억들 그리고 애정어린 사연들이 연서連書처럼 이어져 있습니다.

거리에 어둠이 내리고 창가에 별빛이 스며들면, 낮에 굳게 닫혀 있던 서랍이 하나, 둘 열리기 시작합니다. 누구에게도 말하지 못했던 사연들, 가슴저린 아련한 추억들이 깨어나기 시작합니다. 그 서랍속에서 나의 소소한 삶의 이야기가 흑백사진처럼 희미하게 또는 칼라사진처럼 선명하게 살아납니다. 때론 바쁜 일상으로 무심히 지나치기도 했지만, 애쓰지 않아도 저절로 서랍이 열리다는 것을 이제는 알 것 같습니다

나의 유년 시절에서, 검은 머리보다 흰머리가 더 많은 나이

가 되고보니 지나간 시절이, 추억이 남긴 여운이 나를 고요히 만나고 내면을 깊게 하는 시간이 됩니다.

　나에게 있어 글을 쓴다는 것은 허물벗기로 조금씩 성숙해지는 과정입니다. 《밤의 서랍》은 다섯번 째 산문집으로 관계의 결을 기록한 책입니다. 더러는 사소하고, 더러는 절실한 일면들을 담았습니다.

　글을 쓴다고 밤새 마음의 서랍을 뒤적여도 묵묵히 지켜봐 준 가족에게 감사함을 전하고, 그대들이 이 책을 펼치는 순간 그대의 서랍 또한 열리기를 소망합니다. 그리고 그 안에서 다정한 위로와 따뜻한 빛을 건지길 희망합니다.

2025년 가을에
임현택

차례

책을 열며   4

제1부 그리움이 향기가 되어

그루터기	15
사오정 오류도	20
좀도리 항아리	26
비밀의 방	30
시간이 멈춰진 마음	34
엇박자	38
라떼는 말이야	42
꼰대라 불러도 괜찮아	46
하모니	50

제2부 추억이 다정한 그곳

배고픈 요리사 　　　　　　57
밤의 서랍 　　　　　　　　62
청바지 입은 꼰대 　　　　　65
매력 있는 여자 　　　　　　71
언약 　　　　　　　　　　　75
원피스 　　　　　　　　　　79
삐삐 주전자 　　　　　　　83

제3부 바람도 걷고 싶을 때가

물탕거리	89
숨겨진 사랑	94
더부살이	98
살아 백 년, 죽어서 천 년일까	103
생각이 머무는 자리	107
송목	111

제4부 겨울 그리고 설레임

여자이고 싶다 119
토끼풀 124
금이 간 항아리 130
욕망의 사다리 135
점빵 할매 139
내 마음에 표정의 꽃씨를 심었다 144
문화, 삶을 담은 그릇이다 148
굳어버린 물감 151

제5부 옛 향기가 머무는 곳

꽃샘바람   157
아버지와 겨울 산   162
징검다리   168
막새   172
암서재 가는 길   177
망양정   182

제1부

그리움이 향기가 되어

바람이 선선하다고 느껴지던 날
그리움이 문득 문을 열고 들어온다.
스쳐 지나가는 바람 속에서
예전에 들었던 그 노래 속에서
그리고 말없이 마주한 풍경속에서
잊힌 줄 알았던 향기가 천천히 피어오른다.
잡을 수 없지만, 분명히 존재하는
그리움이 향기가 되어 흐른다.

그루터기
사오정 오륙도
좀도리 항아리
비밀의 방
시간이 멈춰진 마음
엇박자
라떼는 말이야
꼰대라 불러도 괜찮아
하모니

그루터기

들녘 벼 포기가 오체투지 하듯 바닥에 납작 엎드린다. 가르마 타듯 콤바인이 들판을 지나가면 꼿꼿하던 벼 포기는 저항도 없이 드러눕는다. 물먹은 솜처럼 미동도 없다. 어느새 누렇게 장관을 이루던 들판은 너른 광야로 변한다. 꿈속에 벼농사가 풍년이면 재물이 생기고, 벼 베는 꿈은 사업이 승승장구하여 큰 성과를 이룬단다. 벼 베는 논을 보고 있으니, 행운이 오지 않을까 은근히 기대한다. 너른 황금 들녘 앞에, 어깨에 삽자루를 둘러메고 논둑을 누비던 아버지 모습이 선하다.

아버지는 한여름이면 피사리하느라 여념이 없다. 농심은 벼

사이사이에 우후죽순 올라온 피를 수시로 뽑는다. 논에 피가 많이 자라면 수확도 덜 하지만, 무엇보다 농부가 게을러 보인다. 발목까지 빠지는 진흙 속 피사리 작업은 그리 쉽지만은 않다. 허리를 잔뜩 굽혀 피를 뽑고 있으면 날카로운 벼 이파리에 팔뚝과 얼굴이 긁히는 것은 다반사이다. 언니와 오빠는 자취생활로 주말에는 오지만 농사일은 거들떠보지도 않고 도망 다니기 일쑤이다.

피사리는 벼가 무릎까지 올라올 때부터 시작하여 추수할 때까지 계속 이어진다. 일요일이면 피를 뽑아 갓길로 던지면 우리는 그것을 한쪽으로 모은다. 피를 쌓느라 옷에 흙이 묻고 놀고 싶은 마음에 형제들은 피사리를 싫어한다.

우리 형제자매들은 자취생활로 중, 고등학교를 도시에서 유학한다. 부모님은 농사로 육 남매를 키우느라 살림살이는 '밑 빠진 독에 물 붓기'처럼 늘 제자리걸음이다. 객지에서 자취생활을 하는 우리도 변변한 찬 없이 대충 끼니를 때우는 일이 대부분이다. 홀로서기로 우리는 지난한 환경에 속울음을 삼키며 서로 보듬지만, 현실은 녹록하지 않다. 끝내 언니는 맏딸로 대학 입학을 포기하고 동생들 뒷바라지로 일선에 나선다. 욕망에 눈이 먼 나는 맏딸인 언니의 결정이 당연하다고 여기는 철부지이다. 나이를 먹고 돌아보니 언니의 희생이 가슴에 깊은 응어리로 남는다. 시골 아버지도 그루터기에 앉아 농사일을 구상하지만, 맏딸은 아픈 손가락이었으리라.

　아버지 발소리를 듣고 자란 농작물은 어느새 가을걷이가 시작된다. 가으내 추수한 잡곡을 멍석 위에 펼쳐놓고 도리깨질하느라 부모님의 손바닥은 굳은살이 박인다. 그때부터 도정 기계도 쉴 사이 없이 돌아간다. 육 남매 자취생활 양식으로 도정 기계를 돌리며 부모님은 만감이 교차했으리라. 어느덧 창고 선반에 들깨, 콩, 잡곡 등이 쟁여진다. 그 옆에 쌀자루도 차곡차곡 쌓는다. 선인들은 자식이 먹는 것만 보고 있어도 배부르다고 했다. 우리 부모님도 창고의 양식만 봐도 든든했으리라. 당신들 자신보다 자식들을 위해 농사일로 손톱이 닳고 문드러져도 당연하다고 여긴다.

　아버지는 농사일로 고단함을 감나무 아래 그루터기에서 담배 한 모금으로 시름을 달랜다. 삶을 포기하고 싶을 만큼 휘청거릴 때도, 가슴 벅찬 삶도 그루터기에 앉아 위로받는다. 때때로 막막함이 당신의 어깨를 짓누를 때도 그 자리에 앉아 삶의 고요를 찾는 듯싶다. 그루터기는 그저 거목이 잘린 밑동이 아닌 듯하다. 아버지에게 그루터기는 희로애락을 함께하는 동반

자로 뒷모습도 묵묵히 지켜보며 동행한다.

　구순을 목전에 둔 아버지는 노구의 몸으로 벼농사가 힘들어 위탁 영농에 맡긴다. 가래질하던 다랑논은 농지 정리로 바둑판처럼 반듯하다. 아버지는 지팡이에 의존할 만큼 거동이 불편도 농심은 그대로이다. 평생 전답을 살피던 당신 여전히 계절이 바뀔 때마다 농사일을 걱정하신다. 그루터기에 잠시 앉아 세상을 벗 삼아 삶을 회상하는 아버지 모습이 애잔하다. 도정 기계는 여기저기 녹슬고 분진이 내려앉아 칠도 벗겨져 금방 고물상으로 실려 갈 신세이다. 당신처럼 도정 기계도 일손을 놓고 있으니 그 마음이 어쩌랴. 아버지의 손발이 된 농기구와 농기계는 헛간에서 유물이 되어 간다. 삶의 흔적이 묻은 고물이 된 농기구들 당신의 분신처럼 간직한다.

　아버지는 볕 좋은 날이면 깊은 상흔으로 얼룩진 그루터기에 방석을 깔고 앉는다.

"자부동 없이는 앉을 수 없어"

라며 쇠진하게 내려앉은 그루터기를 어루만진다.

　거친 세파에도 흔들리지 않고 쩌렁쩌렁하던 음성도 작게 떨린다. 아버지의 듬직한 어깨는 온데간데없고, 먼 곳을 응시하는 등 굽은 노인의 모습이다. 누군가의 뒷모습이 보이면 철이 든단다. 아버지의 뒷모습에 묻어나는 삶의 흔적이 뭉클하다. 삶의 길을 밝히는데 젊은이는 빨리만 갈 줄을 알지, 노인은 지름길을 안단다. 아버지의 굴곡진 인생길 노구의 몸이지만 오롯이 남아있는 농심에서 삶의 지혜가 보인다.

그루터기와 아버지는 닮았다. 거목이 밑동만 남은 것도 그렇고, 아버지가 허리 굽어 쇠잔한 모습이 그렇다. 아버지의 발걸음 소리로 그날의 기운을 알아차리는 그루터기이리라. 당신도 그루터기를 어루만지며 속내를 쏟아내며 삶을 위로했으리라. 온몸으로 풍파를 막아주던 그루터기가 있어서 다행이다. 농심을 지키는 버팀목 같은 아버지의 헌신적인 삶이 있어 내가 여기에 올곧이 자리한다. 달빛이 물 위에 내려앉는다. 삶의 긴 여정을 말없이 서로 의지하며 보듬는 그루터기에 앉은 아버지가 등불처럼 환하게 다가온다.

사오정 오룩도

 야트막한 산자락 저수지로 다가선다. 강태공이 거느린 낚싯대 위로 물비늘이 반짝거리며 눈이 부시다. 언저리 낚시 좌대에 모자를 깊이 눌러쓴 사내가 보인다. 모자 뒤로 삐져나온 흰머리가 그의 나이를 짐작하게 한다. 소탈한 행색의 사내는 낚시엔 관심이 없는 듯 무심하다. 그는 저수지를 한참 바라보다가 가끔 하품하듯 고양이처럼 마른세수를 한다.
 사내는 세월이 덕지덕지 묻어나는 구식 라디오를 손에 들고 이리저리 휘두른다. 안테나를 뽑아 올려 전파를 잡으려 안간힘을 써 보지만 소용이 없나 보다. 산중이라 전파가 잡히지 않는 듯 지지직대는 라디오를 한참 휘젓다가 혼잣말을 연신 하며 도로 앉는다. 한유하게 낚시하는 사람들은 대부분 '사오정, 오륙도 세대'가 아닌가 싶다.

나는 저수지 반영을 촬영하고자 이곳저곳을 기웃거리다가 끄트머리 낚시 좌대에 앉는다. 가을의 저수지는 색색의 물감을 흩뿌려 놓은 듯 화려한 밑그림을 그려놓는다. 산과 물의 경계도 없는 풍경을 연출한 반영은 강태공과 어우러져 한 폭의 수채화이다. 사진 촬영보다 자꾸 가장자리에 앉은 사내에게 시선이 쏠린다. 사십 대 정년퇴직자를 '사오정', 직장을 다니는 오·육십 대를 '오륙도'라고 칭한다. 한가롭게 낚시를 즐기는 듯한 저 사내도 사오정의 주인공이지 싶다.

'사오정'이란 단어가 몰고 온 파장은 엄청나다. 평생직장이란 말이 무색할 정도이다. 화이트칼라 시대는 실적과 승진 압박에서 성공을 위해 숨통을 조이며 달린다. 옆도 돌아볼 여유도 없이 치열한 경쟁을 뚫어야 하는 사오정이리라. 서유기에 나오는 사오정같이 들어도 못 들은 척, 봐도 못 본 척해야 하는 건가. 어쩌면 사오정처럼 알아듣지 못해 엉뚱한 언행을 하듯이 옭아매는 현실에서 벗어나고 싶은 건 아닐까. 저수지 수면 위에 입을 떡 벌린 우스꽝스러운 사오정의 모습이 드리워진다. 가장자리 사내 모습도 물밑 그림자로 풍경 하나를 그려놓는다. 일렁이는 반영을 무심히 바라보다가 사오정 사내의 그림자 위에 나의 모습이 어룽거린다.

어느 해, 대설주의보로 전국이 들썩인다. 함박눈이 연일 쏟아지며 한파까지 몰고 온다니 설원 풍경보다 염려가 앞선다. 세상을 삼킨 눈과 한파로 빙판이 되어 낙상사고 소식이 줄을 잇는다. 나에게는 예외인 줄 알았다. 순간 방심하여 얼음판에 미끄러져 오른 발목의 다발성 골절상을 입는다. 철심으로 골절을 고정하는 수술과 재활치료를 요구한다. 나는 직장인 오륙도 세대이다. 골절로 속이 문드러지고 애간장이 탄다. 수술 후에 별일 있겠나 싶어 스스로 위로하며 하루하루를 버티지만 난감하다.

목발을 짚은 생활은 마치 곡예사의 외줄타기와 다름없다. 승강기 없는 삼 층 사무실을 목발로 출근하려니 생각만 해도 고통스럽다. 목발로 오를 걸 생각하니 발의 통증이 더하고 어둠에 갇힌 듯하다. 삼 층까지 오르내릴 상황은 출구 없는 미로처럼 암울하다.

거센 물살이 휩쓸고 간 물가의 쓰러진 잡초처럼 바닥에 달라붙은 마음은 일어서기가 버겁다. 골절은 별거 아니라지만 오륙도 세대인 나의 심정은 은퇴와 근속 사이에 뒤엉켜 끝없는 갈등의 연속이다. 골절로 오륙도를 이대로 멈추기보다 "이 또한 지나가리라."라는 말을 되뇌며 뚜벅뚜벅 오륙도의 길을 걷기로 마음먹는다.

불편한 몸은 여러모로 민폐라 자존감마저 떨어진다. 다른 사원보다 일찍 출근하고 늦게 퇴근하며 목발 생활의 고충을 숨긴다. 푹 꺼진 두 눈과 움푹 들어간 양쪽 볼, 피곤한 눈빛으로 변한 나의 몰골이지만 버티어야만 하리라.

어렵게 버티던 어느 날인가. 삼 층 계단에서 목발 하나를 놓쳐 이 층 난간까지 떨어진다. 저 멀리 널브러진 목발이 나의 신세를 대변해 주는 듯 고꾸라진다. 그간 참았던 서러움이 한꺼번에 밀려오며 울음보가 터진다. 목발까지 나를 헌신짝같이 버리는 것 같아 밑바닥으로 떨어진 듯한 심정이다. 미련 없이 사직서를 던지고 회사 생활의 마침표를 찍고 싶다. 썰물과 밀물 같은 감정이 뒤섞이며 오륙도의 아픈 현실 앞에 오열이 멈추지 않는다.

속절없는 내 마음을 읽기라도 하는 듯 네온 불빛은 더 반짝거린다. 이대로 주저앉을 수 없는 법 퉁퉁 부은 다리를 이끌고 뒤뚱거리며 내려와 목발을 잡는다. 상처는 숨긴다고 치유가 되는 것이 아니다. 밖으로 드러내 햇볕도 쐬고 바람도 통해야 아무는 것이랴. 넘어진 길에 쉬어간다고 한 발 뒤로 물러나 화려한 은퇴를 그리며 마음을 추스르며 일어선다. 갈대는 휘어질지언정 절대로 꺾이지 않는다. 모진 바람에도 당당하게 버티는 갈대, 나는 이 순간 갈대를 닮고 싶다 '바람 앞에 놓인 등불' 같은 사오정 세대를 지나 두려움을 용기로 바꾼 오륙도 세대에 서 있으리라.

 노을이 내려앉은 저수지의 풍경이 왠지 서글프다. 나도 사오정 세대의 승진과 은퇴의 경계에서 팽팽하게 버티고 있는 오륙도이다. 목까지 넘어오는 슬픔을 꾹꾹 눌러 담고, 흘러넘치는 눈물을 남몰래 훔치며 버틴 시간을 어찌 잊으랴. 자리를 지키지 못한 사오정 세대의 아픔이 그러하리라. 사오정과 오륙도 세대의 냉엄한 현실로 떼려야 뗄 수 없는 사이다. 오륙도가 삶의 현장에서 묵묵히 자리를 지키고 있는 건 생업을 이어가야 하기 때문이다.

 어느덧 저수지 반영 위에 노을빛이 선명하다. 빛이 어둠으로 바뀔수록 더 아름답게 비치는 순간이다. 붉은 노을에 빛나는 사오정의 모습이 보인다. 나는 근심 걱정 없이 세상을 뒤로하고 여유롭게 낚시하는 저들이 부럽다. 방하착放下着, 마음속의 집착이나 번뇌를 내려놓은 것처럼 보인다. 피할 수 없으면 즐기라고 했던가. 새로운 변화에 적응하는 사오정과 오륙도의 마음을 읽는다. 강태공들의 마음을 반영하는 듯 라디오에서 "우린 늙어가는 것이 아니라 조금씩 익어가는 겁니다."라고 노래가 흐른다. 고개 숙인 중년의 남자가 저물녘 저수지의 노을에 붉게 물들어간다.

노을이 아름다운 건 빛과 어둠이 공존하기 때문이다. 사오정과 오륙도라는 신조어가 대변하듯 정년을 보장받을 수는 없다. 사오정 오륙도는 온몸에 생채기로 버티지만, 위기가 곧 기회가 되리라 본다. 오륙도는 대부분 가슴에 사직서를 품고 다닌다. 이제는 사직서 대신, 인생1막에서 이루지 못한 꿈을 2막의 인생에서 이루는 꿈을 품길 바란다.

나의 발목에 지네가 달라붙은 것 같은 커다란 수술 자국은 어쩌면 삶의 훈장이랴. 청양 고추처럼 매운 눈물의 맛도 봤고, 따스함도 느낀 여정이었다. 거칠고 모난 모래는 오랜 시간 파도와 부딪치며 매끈하고 반짝이는 모래가 된다. 세상은 준비하는 자의 몫이랴. 외풍에도 흔들리지 않는 진정한 오륙도가 되리라.

좀도리 항아리

　유려한 곡선, 꾸밈없이 넉넉하다. 맑고 깊은 유백색의 당당한 모습, 매끈하게 흘러내리는 기품이 시선을 압도한다. 몇 발짝 뒤로 물러나 유리 벽 넘어 고고하게 앉은 자태에 매료되어 발걸음을 떼지 못한다. 둥글넓적한 주둥이에 만삭의 둥그런 배를 끌어안은 듯 풍만한 형태는 참으로 오묘하다. 한 획도 없이 청순한 처녀처럼 무색으로 치장한 자태가 어찌 저리도 당당할까. 고요한 느낌, 날이 선 듯 미끄러지듯 흐르는 미끈한 곡선은 바로 달항아리이다.
　유홍준 교수는 달항아리를 두고 '한국미의 극치'라고 표현한다. 최순우 전 국립중앙박물관장은 "어리숙하고 순진한 아름다움, 원의 어진 맛 때문에 넉넉한 맏며느리 같다"라고 표현한다. 영국의 엘리자베스 2세 여왕도 '세상에서 가장 아름다운 그릇'이라고 한다. 모두가 극찬하는 이유는 화려한 색채도 없이 단색으로 단아하고 자연스러운 형태의 백자로서 '미의 극치'이기 때문일 것이다.

달항아리가 뉴욕 크리스티 경매에선 수십억에 낙찰된다. 보존 상태가 훌륭하고 수려한 모양과 우윳빛 유백색으로 귀한 몸값으로 대접받으며 자연스레 유리 벽 넘어 깊숙하게 보관한다.

보배로운 달항아리이다. 문헌에도 사용처가 명확하게 기록되어 있지 않다. 차근히 보면 서민에게 잘 어울릴 듯한 소박한 순백의 달항아리이다. 유추해 보면 똬리에 딱 맞을 것 같은 좁은 굽과 주둥이가 둥글넓적한 걸 보면 아낙들이 허드레로 사용하던 물동이가 아니었을까.

예전의 친정집 부엌 광에도 다양한 용도의 옹기로 된 달항아리가 있다. 생전 어머니는 가을이면 땡감을 따 감과 볏짚을 켜켜이 담아 옹기로 된 달항아리에 저장하여 홍시를 만드신다. 커다란 쌀독 옆에 좀도리 항아리라 불리는 절미 달항아리도 있다.

아들 둘과 딸 넷의 여섯 남매를 둔 대식구의 식량은 만만치가 않다. 어머니는 매 끼니 밥을 할 때면 쌀바가지에서 한 홉씩 덜어 좀도리 항아리에 담는다. 좀도리 항아리에 그득해진 쌀 위에 복福자인 듯 그림인 듯한 어머니만의 표시를 그려놓는다. 귀한 대접을 받으며 좀도리 항아리는 한지를 덮어 검정 고무줄로 칭칭 동여매 광에 보관한다. 이듬해 춘궁기가 돌아오면 어머니의 지혜로운 절미로 우리 식구들은 식사를 해결한다. 광속에서 좀도리 항아리였던 옹기로 된 달항아리는 우리 가족과 친숙하게 지냈는데 백색 달항아리가 보물이 될 줄이야.

달항아리 그림 전시회이다. 여류 화백의 '꽃과 항아리에 대한 시詩'를 주제로 한 전시회이다. 달항아리에 화려한 색채로 옷을 입힌 화백은 둥근 듯 기울어진 듯한 달항아리에 장미, 매화 등 다양한 꽃들을 피운다. 갤러리 정중앙 고혹적인 색채의 향연으로 달항아리에 장엄한 일출의 기쁨과 희망도 담았다. 그렇게 추상적으로 표현된 달항아리의 오묘한 매력, 완전한 원형도 아닌 둥그스름한 비대칭인 원형이 매혹적이다.

옛날 어머니들이 물을 떠 놓고 달을 보며 치성드리던 항아리이다. 물동이 같기도 하고 장항아리인 듯한 달항아리는 서민들 품속에서 주둥이가 깨지고 굽에 흠집이 생기며 손때가 묻도록 동고동락했으리라. 풍요와 복을 가져다준다는 달항아리 그림을 보면서 어려웠던 여인들의 삶을 엿보는 것 같아 애련하다.

어느덧 귀한 몸이 된다. 일상생활에서 허드레로 유용하게 쓰이던 도자기를 모셔야 한다. 흐르는 시간을 어찌 막으랴. 생전 어머니가 부엌 광에 두고 좀도리 항아리로, 장항아리로 삶이 녹아내리던 항아리가 그립다. 어머니는 늘 항아리는 복을 담은 그릇이라 했다. 화려한 무늬도 색칠도 없이 순수하고 투박하지만, 달항아리 모양을 닮은 좀도리 항아리는 여백의 미를 느낄 수 있다. 달항아리는 세계적으로 아름다운 그릇이라고 하지만 좀도리 항아리는 복을 담은 그릇으로 고향 장독대를 지킨다. 날개 단 듯 치솟는 가격만큼 세계적으로 명성을 얻는 달항아리지만 난 소소한 서민들 일상에서 호흡하던 그 좀도리 항아리가 사뭇 그립다.

조선의 아름다움과 역사를 간직한 달항아리 고고한 한국적 미를 느낀다. 쌀 한 홉을 덜어 집안에 어려운 일이 생길 때면 긴하게 쓰였던 좀도리 항아리, 생전 어머니의 아름다움이 온 누리를 비추길 소원해 본다.

비밀의 방

아쉬운 이별이다. 하세월 동안 동고동락했는데 떠나보내야 한다. 허연 머리카락처럼 모서리가 희끗희끗해지고 본래의 반듯하게 각졌던 모양도 허물어진다. 허리 구부정한 노구처럼 본연의 자세도 잃고 주저앉는다.

가죽은 오래되어 태닝 돼야 제멋인데 구부러진 가방은 제아무리 똑바로 세워도 엉거주춤한 자세이다. 수년간 보물들을 꼭꼭 간직했던 비밀의 방 같은 나의 가방이다. 뒤적뒤적 낡은 가방을 염탐하듯 들추다가 오래된 수첩에 손길이 머문다. 그 속에 깨알같이 적힌 전화번호가 소곳이 들어있다. 요즘은 명함

건네기보다 그 자리에서 전화번호를 입력하거나 인스타그램으로 소통하는 IT 시대이다. 가방 속 묵은 수첩은 보물을 찾은 것처럼 화색이 돈다.

우디향이 나는 새 가방이다. 낯설 법도 한데 벌써 스스럼없이 자리를 꿰차고 앉은 소품들, 다시 비밀의 방을 꾸민다. 한쪽 구석으로 밀쳐져 있는 낡은 가방이 애잔하다. 새것을 장만할 때 흥분된 감정은 사라지고 왜 이리 허전한지. 제 몸 가누기조차 힘겨운 듯 푹 쓰러져 있는 낡은 가방은 추수가 끝난 텅 빈 들녘처럼 허허롭기만 하다. 그동안 나의 일거수일투족을 동고동락하며 한 몸이 되어 동행했는데 무엇을 잃은 것 같은 서운함이 휘감는다.

빛바랜 수첩 속의 전화번호를 휴대전화에 입력한다. 금방 부자가 된 듯 마음이 풍요롭다. 저장된 수많은 전화번호를 하나하나 터치하다가, 어떤 번호에 눈길이 머문다. 통화버튼을 누를까 말까 망설이다 휴대전화를 덮는다. 한결같이 좋은 글과 영상을 전달하는 그녀, 맘 편히 디딜 수 있도록 온몸을 내주는 섬돌 같은 그녀는 독서광이다. 핸드백 속에는 늘 책이 들어있고 틈틈이 독서 하며 메모하는 그녀를 두고 [1]서치書癡라 해도 과

---

1 글 읽기만 온 정신을 쏟고 다른 일은 돌아보지 않음, 또는 그런 사람.

언이 아니다.

그녀는 늘 종이책을 선호한다. 전자출판물이 대세로 단말기 하나로 언제 어디서나 전자책을 볼 수 있다. 전자기기로 전자책을 보고 있는 세상이지만 그녀는 종이책을 고집한다. IT 강대국인 우리나라는 인터넷과 모바일 기술이 세계 최고이다. 더 빠르고 편리하게 정보에 접근한다. 그러다 보니 손안의 네트워크인 스마트폰은 세상을 넘나드는 현대 사회에 꼭 필요한 매개체이다.

그래서일까 대부분 사람은 스마트폰에 점령당한 듯 살고 있다. 스마트폰에서 눈길을 떼지 못하고 시시때때로 확인하고 심지어는 고개를 떨군 채 터치하기에 바쁘다. 이를 두고 '수그리족'이라 하지 않던가. 이런 현실을 역행이라도 하는 듯 그녀는 책벌레이다. 수많은 수그리족 곁에서 전자책보다 종이책을 읽고 있는 그녀는 특별해 보인다.

독서 풍경에 마음이 머문다. 영국 사람들은 카페나 공원 그리고 기차 안에서도 책 보는 것이 일상이라 가방에는 늘 책이 들어 있다고 한다. 책 속에 길이 있다고 하지 않던가. '책은 매번 다시 열어 볼 수 있는 선물'이라는 속담도 있다. 성공적인 삶을 살아가려면 원대한 꿈과 이상을 갖는 것도 중요하리라.

누구나 거창한 계획과 원대한 꿈을 꿀 수 있다. 하지만 그 계획과 꿈을 실천하느냐, 안 하느냐에 따라 엄청난 차이가 있다. 어쩌면 이 모든 것은 독서에서 나오는 것이랴. 지하철이나 공원은 물론 심지어 식사하면서도 스마트폰에 빠져 있는 수그리족이 곳곳에서 눈에 띈다. 산책하듯 책과 친해져 있는 영국 사람들과는 사뭇 다른 풍경이다. '책은 가장 조용하고 변함없는 친구'라고 하듯이 소중한 친구가 옆에 있다면 그 기쁨은 배가 되리라.

새 가방이 동행한다. 가방은 바뀌었지만, 여전히 빛바래고 낡고 낡은 수첩 그리고 책 한 권을 가방 속에 넣는다. 발 빠른 이 시대 아름다운 아날로그 시대에 멈춰진 그녀 모습은 늘 긴 여운을 준다. 새 가죽 냄새 풍기는 새로운 내 비밀의 방엔 빛바랜 수첩과 산문집이 또다시 일가를 이룬다.

한해 끝자락이다. 이 겨울, 손끝 터치로 전자기기를 넘기기보다는 손끝에 침을 묻혀 책장을 넘기는 책벌레였으면 하는 바람이다. 바쁘다는 핑계로 책을 멀리하려는 명분을 찾지 말고, 서치로 유명한 그녀의 일상을 닮으면 좋겠다. 하루가 다르게 변하는 세상이지만 조금 더디더라도 한걸음 늦추고 책을 보는 그녀의 여유로운 모습이 곱다.

시간이 멈춰진 마음

집들이 가는 날이다. 집들이라기보다 새집으로 이사 한 지인이 차 한 잔 같이 마시자며 초대한다. 요즘도 집들이를 하나? 내심 집들이라는 말이 생경하다. 외식 위주로 생활하는 요즘, 초대에 응하면서도 나의 머릿속은 어설픈 신혼 시절에 머문다.

신혼 시절, 내 집 마련은 꿈이다. 다세대주택이나 남의 집의 셋방에서 대부분 신접살림을 시작한다. 그나마 부모님 도움으로 주택을 장만한 동무들은 몇 되지 않고 모두가 임대주택이다. 그렇게 모두가 궁핍했던 시절이지만 정만큼은 어느 부잣집 부럽지 않을 만큼 끈끈하다. 정으로 맺어진 관계는 집들이하는 날이면 한집에 모이는 잔칫날이다.

  우리 신접살림은 다세대주택에서 꾸렸다. 소나무 숲에서 봉황의 울음소리가 들린다는 청주시의 어느 마을이다. 교자상을 펼치면 서로 어깨가 부딪칠 정도로 좁은 거실과 방 두 칸이 전부이다. 어머니는 좁은 집에 사는 딸내미가 안쓰럽고 못마땅하여 연신 눈물을 찍어내며 잔소리를 퍼붓는다. 번듯한 모습보다 궁색하게 시작한 속상한 마음의 잔소리는 끝날 줄 모른다. 결혼을 반대하던 친정어머니는 옹색한 신접살림에 사위 뒤통수만 봐도 싫었으리라. 그 좁은 집에서 손주의 백일 잔칫날 어머니는 바리바리 식재료를 준비해 오셔서 세담細談이 시작된다. 매번 고장 난 레코드판 돌아가듯 당신의 불편한 속내를 털어놓을 때면 모른 채 외면하지만, 안쓰러운 당신의 사랑 표현이리라.

  이제 잔소리하던 친정어머니가 계시지 않는다. 나도 엄마가 되었는데 주변에 이사하는 모습을 보면 어머니의 쓴소리가 더 그리워진다. 집들이 떡도 먹고 싶다. 새집으로 이사하면 시루떡을 하여 집집에 떡을 나눠주고 고사를 지낸다. 새집으로 이사하는 날이면 친정어머니는 이삿짐보다 집 안 구석구석 팥을 뿌려놓고 밥솥에 쌀을 채워 안방에 갖다 놓는다. 새로운 보금자리인 안방에 쌀을 채워놓으면 재운이 생긴다고 믿는 당신의 마음을 꾹꾹 담았으리라.

　예전의 집들이는 거창하다. 집을 다 짓고 나면 향과 술, 깨끗한 물 한 그릇, 버드나무 가지나 푸성귀 한 잎을 마련한다. 그리고 천지가신天地家神에게 제례를 올리면서 상서로운 기운이 집안에 깃들이기를 바란다. 문신門神이 집을 보호하여 잡귀를 물리치며, "'태을太乙이 가문을 지켜주고 모든 일이 술술 풀어지게 도와주소서.'라는 주문을 세 번 외우고 두 번 절한다."라고 문헌에 기록되어 있으니 집은 아주 특별한 공간이다.

　무심한 세월이다. 무엇이든 대형화 추세로 변모하면서 주택도 점점 평수가 넓어진다. 문명발달로 IT 디지털 시대에 집들이도 변모하여 '랜선 집들이'를 한다. 예쁘게 꾸민 집을 영상으로 찍어 인터넷에 올려놓고 자랑하듯 소개하는 것이 랜선 집들이다. 인테리어 감각을 공유하여 실용적이고 독특하며 럭셔리한 주거 공간을 꾸민 랜선 집들이가 유행이다. "손끝에 물 한 방울 묻히지 않고 살게 해 줄게."라고 약속한 남편들은 약속을 지키려는 듯 모든 집안 잔치는 외식으로 한다. 그 예전 우리 세대는 좁은 집에서 어떻게 그리 많은 손님에게 [2]들턱 했는지 생

2　새집에 들거나 이사를 하고 내는 턱.

각만 해도 대견하다.

  정원이 잘 꾸며진 아파트이다. 천천히 계단을 올라 집들이를 초대한 집의 승강기 앞에 선다. 같은 라인에서 입주가 한창인 모양이다. "직장 생활로 밤늦은 시간까지 정리합니다. 시끄러워도 양해해 주시면 감사하겠습니다."라고 쓴 글귀가 승강기 안팎에 붙어있다. 손 글씨로 쓴 협조문이 삭막한 요즘 미소 짓게 한다. 손 글씨 한 줄이 이리도 마음을 따뜻하게 해 줄이야. 진정 살만한 세상이지 싶어 따스해진다.

엇박자

　불현듯 그립다. 나이 숫자만큼 세월이 달려간다더니 뒤돌아보니 아쉬움을 챙길 여유도 없이 멀리 와 있다. 누군가는 "공짜로 주는 나이라 냉큼 받아먹다 보니 너무 많이 받아먹었다."더니 나도 어느덧 달걀 두 판의 나이이다. 그래서일까 문득문득 회상하는 시간이 잦아진다. 괜스레 시간의 때가 묻은 휴대전화에 가득 저장된 사진을 훑어보는 일이 일상이다. 사진 한 장에 시선이 고정된다. 야광 머리띠에 흰 장갑을 끼고 댄스하는 사진에 함박웃음이 터진다.
　충북 문인들의 한마당 잔치이다. '장기 자랑' 경연을 위해 우리 협회는 운동장에 모여 연습에 열중이다. 트로트를 부르며 어설픈 댄스를 창작하면서 아코디언 반주에 맞춰 모두가 심취한다. 지나가는 이들이 쭈뼛쭈뼛 발걸음 멈추고 바라보면 그에 힘입어 우리는 더 열렬히 온몸으로 응한다.

 행사 당일이다. 머리에는 야광 불빛이 번쩍번쩍 빛나는 머리띠를 착용하여 시선이 압도된다. 흰 셔츠에 검은 넥타이 그리고 검은 바지와 흰 장갑은 무대의상으로 최고이다. 좌청룡 우백호처럼 양 가장자리에 아코디언 연주자가 떡하니 자리 잡는다. 우리는 댄스와 합창으로 일등은 무조건 '따 놓은 당상'이라며 거만스럽게 입장한다. 수없이 연습했으니 요즘 아이돌그룹이 부럽지 않다.

 "짠 짠 짜라리라." 신명 난 전주 음악이다. 좌청룡의 여성 아코디언 연주자와 우백호의 남성 아코디언 두 사람의 연주는 장안을 휘감는다. 우리는 반주에 맞춰 열정을 다해 그간 연습했던 댄스와 노래로 관중 앞에 마음껏 기량을 발휘한다. 한껏 흥이 오른 무대와 관중들, 점점 합성 지르고 손뼉 치며 호응하는 관중이다. 더욱더 흥에 겨워 더 열정적으로 흰 장갑을 낀 손을 흔들며 온몸을 불사르며 무대를 장악하고 마무리한다. 흘린 땀만큼 폭발적인 관객반응에 우리 팀은 흥분을 감추지 못한다.

뒤늦게 관중이 호응하는 연유를 알고 모두가 쓰러진다. 경험 없는 댄스와 노래를 하다 보니 제각기 노래를 부르고 춤을 추었단다. 아코디언 연주 따로, 노래 따로, 춤 따로 각자 파트 별로 서로 엇박자인지도 모르고 정열적으로 무대를 불사른 것이다. 그 모습에 관중들은 눈물까지 흘리면서 박장대소하며 뒤로 넘어갔던 것이다.

뒤늦게 동영상을 본 우리는 쥐구멍이 어디 있느냐며 몸 둘 바를 몰랐지만, 그 순간만큼은 모두가 하나이었으리라. 노래하는 이도 관중들도 모두가 엇박자 매력에 빠져 배꼽 빠지게 웃으면서 말이다. 요즘처럼 웃을 일이 없는 세상, 개그콘서트가 사람의 마음을 한군데로 모아 모두가 한마음이 되는 것처럼 말이다.

한 번쯤은 묻지도, 따지도 말고 그냥 있는 그대로의 모습을 보듬어주는 것이 우리네 삶의 여유이지 싶다. 살면서 이따금 삶이라는 무게가 어깨를 짓누르고 각박한 현실에서 도피하고 싶을 때가 있다. 형식과 정확성도 중요하지만, 비록 엇박자이면 어떠하리. 모두가 흥에 겨워 번잡하고 각다분한 일상을 한 번쯤은 훌훌 털어버리고 호탕하게 웃으면 그것이 삶의 맛 아닐는지.

우리는 채우기에 바쁘다. 넘치는 것은 모자람보다 못하다. 그럼에도 더 들어갈 수 없이 넘치고 넘쳐도 명예, 욕구, 자산 등 사리사욕을 가득 채우기에 혈안이 돼 있지 않은가. "꽃향기는 백 리를 가고, 술 향기는 천 리를 가며, 사람의 향기는 만 리를 간다."라고 한다. 그날, 충북문학인대회 '장기 자랑'에서 배꼽 빠지게 웃었던 것처럼, 삶이 때론 엇박자이어도 한 걸음, 한 걸음 쉬면서 걸어가자. 조금 더디 가더라도 그러려니 하면서 호쾌하게 크게 웃어보는 여유와 사람의 향기가 있었으면 하는 바람이다. 엇박자의 여유를 터득하기엔 오랜 시간이 걸리겠지만 사람의 향기가 가득한 날이 되길 소원해 본다.

라떼는 말이야

급한 일도 없는데 연신 시계를 본다. 언제부터인가 몸에 밴 귀가 시간이다. 세 번째 스물이 지나가는 나이이다. 굳이 귀가 시간이 정해진 것도 아닌데 스포츠센터에서 나오는 발걸음이 바쁘다. 운동 후 동우회 야식 모임을 못 들은 채 발걸음을 재촉하는 나를 두고 고리타분하단다. 회원들은 메뉴를 고르면서 '오, ³군싹이라며 신바람이 난다. 이 순간 ⁴갓생이라며 즐겁게 살

---

3 "군침이 싹 도네."라는 뜻.
4 GOD과 인생을 뜻하는 합성어로 "내 인생이 최고다."라는 의미.

자고 삼삼오오 네온 불빛으로 들어간다. 무심하게 뒤돌아서면서 괜스레 뒤통수가 뜨겁고 또각또각 발끝을 따라오는 구두 소리가 신경에 거슬린다.

 이런 나를 꼰대라 입을 모은다. 꼰대에 벗어나고자 스포츠센터 동료와 함께 휴가를 떠난다. 일상을 벗어난 우리는 둔치에 자리를 잡고 해가 질 녘까지 트로트를 무한반복 재생하며 휴가를 만끽한다. 다이어트로 미뤄놓았던 패스트푸드는 물론 과일이며 육류까지 골고루 먹으며 휴가지의 여유를 즐긴다.

 어둠이 내릴 무렵에야 미적대며 짐을 꾸리고 휴가를 마무리한다. 아쉬워하는 우리를 잡기라도 하는 듯 출발하자마자 타이어 펑크이다. 외진 이곳으로 긴급 출동 서비스가 오기에는 많은 시간이 소요되는 곳이다. 모두 우왕좌왕 어수선한 마음을 부여잡고 길섶에서 옹기종기 주저앉는다. 어둠이 점점 짙어지자 휘몰아치며 몰려오는 두려운 감정은 성난 파도처럼 출렁거리며 요동친다. 두려운 마음과 아랑곳하지 않고 출동 서비스는 "조금 기다려 달라."는 말뿐, 요지부동이다.

 잡생각에 뒤얽힌 복잡한 시간이다. 우여곡절 끝에 타이어를 교체하는 동안 밤하늘에는 수많은 보석이 박힌다. 그렇게 긴 하루의 뒤안길에 조각조각 남겨진 추억의 흔적들을 끌어안으며 덜컹거리는 신작로를 겨우 벗어난다.

그 후 휴가지의 트라우마로 차량 정비는 기본이다. 타이어 체크는 일상에서도 수시로 한다. 지금은 한여름 날의 추억이라고 하지만, 타이어 펑크는 트라우마로 남아 서둘러 귀가하는 습관이 생긴다. 어찌 보면 바보 같다. 7~80년대 밤하늘에 울려 퍼지는 청소년들을 옥죄는 멘트 "청소년 여러분 밤이 깊었습니다. 집으로 돌아갈 시간이 됐습니다."라는 라디오방송이 나오면 모두 서둘러 귀가 한다. 그 시절도 아니고 이처럼 바삐 귀가 시간을 지키고 있는 내 모습이 꼰대 같아 씁쓸하다.

신조어가 낯설고 어설픈 걸 보면 난 꼰대이다. 동우 회원은 운동 후 시원한 캔 맥주의 맛을 모르는 나를 두고 세련미 없는 촌스럽고 진부하단다. 차가운 캔 맥주를 한 손으로 움켜잡고 캔 뚜껑 중앙을 꾸~욱 눌러 딸 때면 짜릿한 맛을 모르는 꼰대란다. 캔 뚜껑이 따지는 짜릿한 묘한 소리, 찰나 하얀 김이 훅 올라오면서 코끝에 쫙 퍼지는 맥주의 향이 오묘하단다. 시원한 맥주 한 모금은 일과를 상쾌하게 마무리 짓게 하는 매력이란다. 이러한 맛을 모르면서 무엇에 이끌리듯 생뚱맞게 집으로 돌아가는 나를 두고 구태의연한 사고방식을 가진 꼰대라 부른다.

꼰대가 분명하다. 그 증거는 멀리 있지 않다. 중년들의 모임이 있는 날이면 우리는 작위적이지도 못하고 너무도 자연스럽게 "라떼는 말이야, 우리가 젊었을 때는" 이런 단어를 수없이 쏟아낸다.

우리는 스스로 시대와 발맞추는 신세대라 자부했음에도 "라떼는 말이야."라는 말을 쓴다. 이러니 어찌 기성세대의 꼰대라 하지 않겠는가. 당연히 주변에서도 꼰대라 생각한다. 꼰대면 어떻고, 고루하고 진부하여 시원한 캔 맥주의 맛을 모르면 어떠하리. '라떼'를 여전히 쓰는 꼰대여도 좋다.

"꼰대는 말여, 살아온 세월만큼 파도에 둥글둥글 다듬어진 몽돌 같은 겨."

"부딪히고 다듬어져 모나지 않아 누구든 다 품어줄 수 있는 몽돌인 겨."

"젊은이들이 뭘 알어, 아무것도 모르면서."

나는 마음속으로 큰 소리로 마구마구 외친다. 꼰대들의 아우성을.

꼰대라 불러도 괜찮아

 항아리가 숨을 쉰다. 항아리 속을 한참 넋을 잃고 바라본다. 하얀 거품이 일다가 톡톡 터진다. 마치 갯벌에 숨구멍처럼 공기 방울이 인다. 기다란 나무 주걱으로 항아리 속을 휘휘 젓는다. 특유의 향이 퍼져 오감을 자극한다. 취나물장아찌 담근 항아리이다. 항아리 속의 건지는 푸른빛을 잃고 한여름 땡볕에 맥없이 축 처진 이파리 같다. 힘없이 늘어진 건지를 나무 주걱으로 이리저리 뒤적인다. 푸른 잎이 검붉게 변한 건지를 꾹꾹 다독이자 이내 부글거리던 항아리가 조용해진다.
 절이고 삭힌 장아찌를 밑반찬으로 즐겨 먹는다. 예전의 어머니는 고추장이나 된장 속에도 무나 오이, 참외 등을 박아 장아찌를 만든다. 요즘은 어떠한가. 요리도 퓨전시대이다. 다양한 요리법recipe 중 나는 발효음식을 즐겨 먹는다. 봄이면 취나물을 설탕으로 절여 장아찌를 담근다. 취나물과 설탕을 반반씩 혼합하여 항아리 속에 켜켜이 꾹꾹 눌러 담근다. 매실 진액 담그듯이 설탕 비율을 잘 맞춘다. 시간이 흐르며 건지는 설탕에 절여 쪼글쪼글해지고 진액이 생긴다. 그러면 나무 주걱으로 가라앉은 설탕을 잘 저어 녹여주면 그만이다.

보름이 지나면 건지가 진액 위에 둥둥 뜬다. 그때 건지를 건져낸다. 설탕에 절여져 달달한 건지는 진간장으로 솔솔 버무려 간을 맞춰 서늘한 곳에 보관하면 장아찌가 된다. 특별한 비법도 없는 장아찌, 밑반찬으로 적당하여 철철이 담근다. 그 많은 장아찌 중 가장 선호하는 것은 무장아찌이다. 통깨를 솔솔 뿌려 참기름에 솔솔 버무리면 고들고들 씹히는 것이 뿌리칠 수 없는 맛이다.

밥상의 단골 메뉴는 장아찌이다. 반찬 가게에서도 손쉽게 구매할 수 있는 찬이다. 아들은 철철이 장아찌를 담그는 모습이 시대에 뒤떨어진 꼰대 같아 답답하단다. 세상 모든 것이 손끝 터치 한 번으로 다 되는데, 직접 채취하고 담그는 내가 못마땅한가 보다. 장아찌를 담글 준비를 하는 나에 대해 시큰둥하다.

계절마다 온갖 장아찌를 담는 내가 꼰대란다. 지인에게 담근 장아찌를 나눠주는 행복이 더 크니 꼰대면 어떠하리.

　무장아찌 담근 항아리를 열어 본다. 카푸치노 커피처럼 하얗게 보글거리며 시큼한 동치미 향이 확 올라오는 것이 최상의 발효 상태이다. 각설탕처럼 하얗게 눈부시던 깍두기 모양의 무는 진이 다 빠져 주름진 아버지 손등처럼 쪼글쪼글하다. 그중 하나를 꺼내 맛을 본다. 오돌오돌 씹히는 식감과 달짝지근한 맛이 입맛을 돋운다. 하나를 더 꺼내 오물거리니 풍미가 입안 가득 확 번지는 것이 그리운 고향의 맛이다. 이것이 바로 무장아찌에 더 애착이 가는 이유이다.

　인삼보다 더 좋다는 겨울 무이다. 속이 더부룩하고 소화가 안 될 때 무를 먹으면 소화도 잘되지만, 무엇보다 무밥이 최상이다. 달고 단단한 무로 떡을 만들면 은은한 맛과 향이 나는 무떡, 부드러워 목 넘김도 좋고 소화도 잘된다. 주전부리가 궁핍하던 예전, 선인은 잘 발효된 시원한 동치미 국물 한 사발과 무떡으로 별미를 즐긴다. 또한, 선인은 채소가 부족한 겨울철에 비타민을 공급하는 중요한 식품 하나로 장아찌를 담근다. 입맛 잃은 겨울철 입맛을 돋운 발효음식으로 무장아찌는 밑반찬의 최고이다.

무장아찌와 칼국수는 궁합이 잘 맞는다. 꽃샘바람이 이는 이 맘때면 뜨끈뜨끈한 낙지 칼국수와 꼬들꼬들한 무장아찌는 제 맛이다. 갯벌 속에 산삼이라 일컫는 낙지 한 마리는 인삼 한 근과 맞먹는단다. 인삼보다 더 좋다는 겨울 무로 만든 무장아찌와 낙지 칼국수는 가히 영양 궁합으로 손색이 없으리라.

장아찌는 곁들여 먹는 찬饌으로 떼려야 뗄 수가 없다. "긴 시간 말린 땔나무, 오래 묵어 농익은 포도주 그리고 옛 친구와 읽을 만한 원로작가의 글은 묵힐수록 좋다."라고 프랜시스 베이컨은 말한다. 늘 맛을 잃지 않는 장아찌 맛처럼 우리 삶도 진득하니 변치 않은 것이리라. '묵어야 좋은 것'이라는 키워드에 '너와 나의 고향 같은 묵은 장아찌'라는 한 줄을 끼워 넣는다.

묵은 것이 사라지고 있다. 사람들은 번거로움을 피하며 쉽게 얻는 반찬을 선호한다. 삶의 무게가 이따금 양어깨를 짓누를 때면 인정이 그립고 고향이 그리워진다. 허연 머리카락이 많아지자 더 커지는 향수병이다. 고향을 그리워하고 장아찌 타령하는 나를 두고 '묵은 장아찌 같은 꼰대'라 불러도 좋다. '꼰대는 조직에서 흔들리고 서툴러도 경험만큼은 최고이리라.' 나는 속으로 외친다.

'꼰대는 말이여, 세월의 무게를 아는 게 꼰대여."

하모니

또각또각 엇박자이다. 네 박자인 듯 세 박자인 듯 경쾌한 울림이다. 두 여인의 네발과 세 발의 발걸음 소리는 데코로 포장된 길에서 너울거리듯 음을 탄다. 앞서거니 뒤서거니 음을 타던 세 박자가 음 이탈이다. 불협화음이 지속되자 여인들은 너른 의자에 앉아 오후 햇살을 만끽하며 고단한 다리를 쓰다듬으며 회상에 젖는다.

한유한 시간이다. 돌아보니 진종일 두 발을 혹사하면서도 발보다 외모에 더 신경 쓴다. 온몸에 가장 낮은 곳에서 몸을 지지해 주는 제2의 심장이라 불리는 발이다. 나를 지탱해 주며 충직하게 소임을 다한다. 어이없게 또 골절상이다.

　두 번째 발목 골절로 목발을 사용하면서 네발이 된 후 일상이 달라진다. 목발 없이는 절뚝거려 일행을 따라다닐 수 없어 외출을 꺼린다. 어줍은 걸음걸이는 불편보다도 모두에게 민폐가 되어 칩거하는 날이 많다. 남과 같은 속도로 걸으려면 통증을 참아내며 온몸에 힘주고 부지런히 걸어야만 보조를 맞춘다. 턱까지 차오르는 숨을 참고 등줄기에 흐르는 땀이 괴춤에 고인다. 일행과 발맞추느라 곤혹스러운 날이 비일비재하다 보니 칩거하는 날이 많아진다. 어쩌다 외출하려면 목발을 짚고 네발로 걸어야만 그나마 따라다닐 수 있으니 난감하다.

　팔십이 목전인 친척 형님은 세 발이다. 무릎관절 수술로 형님도 지팡이를 짚는다. 무릎관절염으로 퉁퉁 붓고 기형으로 변형된 다리는 정상적인 보행이 어려워 은둔하는 날이 많다. 제아무리 허리를 곧추세워도 구부정하고 엉거주춤한다. 관절염으로 굼뜬 걸음으로 더 이상 몸을 끌고 다닐 수 없어 어렵사리 인공관절 수술을 한 것이다. 수술 후 삶이 변모되어 노쇠하지만 아픔으로 깊게 파였던 주름이 사라지고 인상도 변한다. 구부정했던 허리와 변형된 다리가 펴지면서 노년의 열린 마음은 새로운 삶이 펼쳐진다. 통증에서 벗어나 거동이 자유로워지자,

노인복지관에서 다양한 취미생활을 하신다. 비록 수술 회복 기간으로 지팡이를 짚고 다니지만, 삶의 질이 더없이 향상된다.

　난 두문불출이다. 걷지 못하는 아픔을 겪은 형님과 가족들은 칩거 생활하는 나를 억지로 밖으로 내몬다. 절뚝거리며 걸음걸이 연습을 하여도 별 차도가 없다. 곡식도 때가 되어야만 여물거늘 재활이 늦어지자, 안달복달이다. 때때로 주책없이 흐르는 눈물을 훔치는 날이 많아진다.

　"시간이 약이다."라는 말은 내 편이 아닌 듯하다. 느릿해진 행보로 발한과 갑갑증에 신경질적으로 변한 퀭한 모습이 거울 속에 서 있다. 내 모습에 소름이 돋는다. 달라진 속 생활에 역정이 복받치지만 애써 표정을 감춘다.

　허리를 곧게 편다. 한밤중에 신발장 구석으로 밀쳐진 하이힐을 슬쩍 꺼내 신어본다. 얇고 높은 하이힐이 매력이었는데 낮은 굽으로 바뀐 신발은 의상과 영 어울리지 않는다.

　가방 속엔 접이식 지팡이가 숨겨져 있지만 꼿꼿하게 걸어본다. 소 잃고 외양간 고치는 것처럼 두 번째 골절로 일상이 달라진다. 나의 몸을 오롯이 견디며 신체 중 가장 많이 혹사하는 발. 빨리 걷는 것이 서툰 난 느긋해진 일상과 돌다리도 두들겨 보고 걷는 여유가 생긴다. 사소한 부분까지 찬찬하게 훑어보는 버릇도 생긴다. 세심한 주의를 기울여서 실수를 범하지 않으려는 습관은 아픔 뒤 찾아온 큰 전화위복이리라.

두려움과 포기는 전염병이란다. 과거에 집착하고 안주하는 것은 도전을 회피하는 성향이랴. 신발부터 바뀌는 외형의 변모는 고집스레 고수하던 성향보다 새로운 것을 추구하는 변화로 바뀐다. 세상에 그냥은 없다. 수고하고 노력하는 자만이 얻어지는 것 그것이 행복이고 보람이다. 코앞이 '액티브 시니어 active senior'다. 액티브 시니어는 건강한 라이프 스타일을 즐기는 활기찬 노년을 의미한다. 발이 무너지면 몸 전체가 무너진다는 생각은 말이 되고, 씨가 되어 그대로 이루어진다. 아픈 만큼 성장한다고 한 뼘만큼 노련해진 나의 삶 조금씩 활력을 찾는다.

입가에 미소가 머문다. 길게 늘어진 햇살 나지막하게 들리는 봄꽃들의 수런거림이 네발과 세 발에 맞춰 협화음이 인다. 볕 좋은 오늘 또각또각 하모니가 경쾌하다. 나이를 탓하지 않고 늙어도 늙지 않게 다가오는 액티브 시니어를 향해 한발 한발 걸어가는 화음이 봄볕처럼 따습다.

제2부

추억이 다정한 그곳

햇살이 부드럽게 내리던 어느 날,
나는 오랜만에 그곳을 찾는다.
많은 시간이 흘렀건만
여전히 익숙한 공기와 낯익은 풍경,
낡은 벤치 위엔 우리의 다정함이
내려앉고 눈을 감으면
너와 나의 이야기가 어른거린다.
추억이 묻은 그곳에서
나는 다시 너를 만난다.

배고픈 요리사
밤의 서랍
청바지 입은 꼰대
매력 있는 여자
언약
원피스
삐삐 주전자

배고픈 요리사

　시든 꽃처럼 축축 늘어진다. 시간에 쫓겨 동분서주 늘 뛰어다녀도 시간이 모자란다. 하늘 한번 올려다보지도 못한다. 마치 숲속에서 길 잃은 어린 짐승처럼 이리저리 뛰고 또 달린다. 진종일 업무에 치여 달리다 소주 한잔으로 긴 하루를 위로받는다. 선인은 쓴 소주 맛을 알면 비로소 삶의 맛을 안단다. 우리는 인생의 쓴맛도 모르면서 그저 소주로 회포를 풀 요량으로 보쌈집으로 들어선다. 문전성시를 이룬 맛집은 웃음꽃이 만발이다. 왁자지껄 울려 퍼지는 분위기는 보쌈집을 확 날려 보낼 기세이다.

보쌈과 족발로 한 상 가득 차려진 성찬이다. 요리사의 손길이 머문 상추 위에 보쌈과 양념소의 비주얼은 보기만 해도 군침이 돈다. 채소와 냉채 그리고 산마늘이라 일컫는 명이나물이 식욕을 당긴다. 고기 한 점에 명란 쌈장을 찍어 명이나물로 돌돌 말은 쌈을 우물거린다. 족발과 채소의 완벽한 식감과 명이나물은 환상적인 궁합이 별미이다.

명이나물은 울릉도의 특산품이다. 예전에 겨울을 지나고 나면 울릉도는 먹을 것이 부족하다. 섬사람들은 나물 중 유일하게 마늘 맛과 향이 나는 나물을 캐다 삶아 먹었는데 그 나물이 바로 명이나물이다. 사람들은 굶주림에 명을 이었다고 해서 명이나물로 이름을 붙였단다. 요리사도 보쌈과 마늘 향이 나는 명이나물은 최고의 궁합이라 여겼으리라.

회식 자리가 무르익는다. 얼마나 시간이 흘렀을까. 화기애애한 분위기에 취해 오가던 술잔에 모두 취기가 오른다. 그 시간 무심코 주방 옆 밥상이 의아하다. 요리사는 고봉밥에 늦은 저녁을 먹는다. 부대찌개인 듯 보이는 찌개와 김치 그리고 구운 김이 전부인 밥상이다. 미식가들의 밥상은 성찬으로 차려 내놓고 정작 자신의 밥상은 소반蔬飯이다. 속담에 '대장장이의 집에 식칼이 논다'더니 찌개와 서너 가지의 찬으로 끼니를 때우다시

피 먹는 요리사이다. 삶의 음과 양이 엿보이는 부조화의 현실인가 아니면 화려함 속에 외로움인가. 참으로 아이러니하다.

　요리사의 소소한 밥상에 눈을 떼지 못한다. 부모는 자식이 먹는 것만 봐도 배가 부르단다. 요리사도 혼신을 기울여 요리한 음식을 배불리 먹는 것만 봐도 배가 부르단다. 또한 웃음 치료사 역시 스트레스를 확 날리도록 관중들이 호탕하게 웃는 걸 보면 절로 힐링 되고 보람 있단다. 그런데 오류이지 싶다. 대리만족처럼 자신이 먹지 않아도 절로 배가 부르고, 웃지 않았음에도 행복해진다는 것은 착각이리라. 정작 명강연을 마치고 텅 빈 객석을 마주하면 외려 외롭고 고독하지 않을까. 요리사 역시 수없이 성찬을 차려내지만 정작 자신은 마음의 허기가 지지 않을까. 마치 밝음과 어두움을 아우르는 명암처럼 말이다.

　주는 자의 배부름일까, 주방장의 밥상에서 밝음과 어두움을 본다. 하루에도 수십 번, 불 앞에 선다. 뜨거운 불과 시간 속에서 그는 늘 손을 먼저 내민다. 굳은살에 새겨져 있는 그의 손길은 예술이다. 누군가의 허기를 채우고, 하루의 피로를 달래는 그 한 접시 속에서 요리사의 땀과 자부심이 녹아 있으리라.

　그의 손은 고달프다. 가족의 삶을 위해 불 앞에 서는 그 손이야말로 삶의 맛을 빚는 손이리라. 어수선하게 뒤섞인 착잡

한 심정이 마음속을 후비고 들어온다. 맛난 음식과 좋은 사람들과의 만남이었는데 어둠을 짊어지고 집에 돌아오는 발걸음이 꽤 무겁다. 언제쯤이면 쓴 소주 맛을 알려나. 어둠 속에 선명하게 그려지는 요리사의 뒷모습에서 젊은 날의 아버지 모습이 겹친다.

어느 작가는 "아버지 술잔에는 눈물이 절반이다."라고 한다. 이는 이 시대를 살아가는 아버지의 자화상이리라. 때로는 가장의 무게가 힘겨워 울고 싶지만, 울 장소가 없기에 슬픈 사람이다. 아버지의 눈에는 눈물이 보이지 않으나 마시는 술에는 보이지 않는 눈물이 절반인 사람이 아버지이다. 어느 작가는 제 아무리 힘겨워도 속울음을 참아가며 가족을 자신의 수레에 태워 묵묵히 끌고 가는 말과 같다고 한다. 마치 요리사의 모습은 우리네 아버지의 과묵한 모습과 흡사하다.

새벽보다 먼저 깨어 불을 지피는 요리사이다. 뜨거운 불판 앞에서 하루 온도를 맞추듯 가족의 삶을 위해 뛰어다니는 아버지 모습이다. 아버지 손도 오래전에 굳은살로 덮여있다. 한 번도 '아프다' 하지 않는다. 손마디에 세월이 겹겹이 박혀 있고, 그 주름마다 가족의 이름이 새겨져 있으리라.

문전성시로 요리사도 제때 밥을 먹는 법이 없다. 고급 요리는 손님을 위한 밥상이고 자신은 때가 지난 소반 밥상이다. 군중 속에 외로움처럼 수많은 요리를 하면서도 정작 자신은 배고픈 요리사이다. 자신의 배고픔보다 손님의 밥상을 우선하는 그가 아버지처럼 진정한 히어로이다.

아버지와 요리사는 닮았다. 두 사람의 고달픔은 말로써 다 할 수 없다. 누구에게도 드러내지 못한 무게가 그들의 어깨와 손등에 묻어 있다. 그럼에도 두 사람은 늘 웃는다. 그 웃음 뒤에는 묵묵히 견딘 시간과 사랑이라는 이름의 노동이 있으리라.

요리사의 모습에서 충만한 자부심이 공존하는 것이 두드러진다. 주방은 어두운 음지 같지만, 요리사의 창작으로 희망을 품은 밝음이 존재하는 아름다운 공간이다. 어둠과 밝음이 공존하는 시대, 분주하게 흔들리는 발자국보다 이 시대를 짊어진 아름다운 영웅들의 힘찬 발자국이 보인다. 매 순간을 소중히 여기면서 한 번뿐인 삶을 망설임 없이 달려가는 모습도 보인다.

별빛 쏟아지는 밤하늘을 올려다본다. 이제는 알 것 같다. 아버지의 고달픔 속에는 가족을 향한 가장 깊은 사랑이 숨 쉬고 있다는 사실을.

밤의 서랍

 하루가 저물면 마음의 불빛 하나를 켠다. 낮 동안 나의 수많은 표정이 말끝에 맴돌다 사라진다. 때로는 빗장을 걸어두었던 사연들, 삶의 결과 마음의 떨림으로 오랜 시간 간직해온 그 흔적들이 다시 밤의 서랍으로 들어가 조용히 어둠 속에 쌓여만 간다.

 밤이 찾아오면 그 서랍은 스스로 빛을 머금는다. 서랍 틈새로 흘러나오는 삶의 희미한 불빛은 마치 오래된 기억이 숨결을 되찾는 순간처럼 나의 품속으로 들어와 부드럽지만 강하게 감싼다.

 깊은 밤, 잊고 지낸 감정과 시간이 엮어 낸, 마음의 서랍을 하나씩 열어 본다. 그리움이 유리 조각 위를 맨발로 걷고 있는 듯 아프게 찔러대는 기억들, 아직 가 닿지 못한 손길처럼 가슴저린, 아련한 추억들, 너무 아파 마음 속 깊이 꼭꼭 여며놓았던 아름아름의 사연들이 서랍 안쪽에서 나를 기다린다.

 밤의 서랍 속에는 고독만 있는 것이 아니다. 누군가의 밝은 미소, 아련하게 들리는 그 음성 그리고 한때는 새장에 갇힌 새처럼 너무 아파서 덮어두었던 말들이 오감을 자극하며 이제는 위로의 글이 되어 그 기억은 또 나를 기억한다.

 흔들리던 창밖의 불빛이 고요를 찾는다. 그 불빛을 바라보다가 문득 깨닫는다. 내가 열어 본 밤의 서랍은 단순한 것이 아니라 나 자신이었다는 것을. 밤은 언제나 슬며시 다가와 내 마음의 서랍을 열어 어둠 속에서도 따뜻하게 보듬고 낮에 잊고 지낸 서랍 속에 나를 위로하며 다시 만나게 한다.

그리고 다시 열어 본 그 서랍 속에는 언제나 못다 그린 미완의 화폭인 줄 알았는데 색채가 잘 다듬어진 나의 삶은 좀 더 다정해지고, 좀 더 단단해진 모습으로 잊힌 기억들이 불빛이 되어 환하게 비추고 있다는 사실을.

청바지 입은 꼰대

주말이다. 딱히 할 일도 없는데 날씨 따라 기분도 달라진다. 점점 얇아지는 실루엣처럼 새순들이 산야를 푸르게 뒤덮는 봄이다. 남자는 가을 앓이를 하고 여자는 봄을 탄다는데 괜스레 심란하다. 일상을 떠나고 싶은 마음에 주섬주섬 커피와 간식을 챙겨 들고 나선다. 화창하고 맑은 주말 날씨는 최고의 선물이다. 왈츠의 춤사위처럼 한들거리는 나뭇가지 사이로 햇볕이 쏟아진다. 호사스러운 여행이 아니면 어떠랴. 타이트한 슈트와 구두를 벗고 청바지 차림에 유람을 떠난다.

어느덧 해가 설핏하다. 노을이 내려앉은 길가에 즐비한 커피숍 네온 불빛이 어둠을 막아선다. 그중 날렵한 처마 끝에 "댕그랑 댕그랑." 풍경소리가 울리는 옛 건물에 시선이 머문다. 금방이라도 대문 앞에서 도포를 휘날리는 선비가 "이리 오너라!" 큰 소리로 외칠 것 같은 웅장한 대문이다.

청바지에 손을 찔러넣고 안을 기웃거린다. 온몸을 뒤틀며 용트림하듯 구불구불한 몸짓의 소나무이다. 인고의 세월을 묵묵히 껴안은 소나무는 마당 한가운데 떡하니 버티고 있다. 두툼한 껍질이 투덕투덕한 밑동은 세월을 가늠케 한다. 희끗희끗 빛바랜 기왓장, 날아갈 듯 휘어 오른 처마 곡선에 눈길이 머문다. 부챗살처럼 쫙 편 서까래는 속곳을 훤히 들어낸 듯 시원스럽다. 우아한 선이 미끄러지듯 드러낸 처마를 한참 올려다보며 디딤돌 위에 서 있는 나는 어느 고가의 생각에 머문다.

과거로 뒷걸음친 나는 눈을 감는다. 호박돌에 석회를 섞은 돌담 아래 봄꽃과 어우러진 기와집이다. 수키와 두 개를 서로 엇갈리게 하여 태극무늬로 쌓은 화려한 돌담을 지나 대문으로 들어선다. 안채로 가려면 바깥 행랑채 대문을 통해 사랑채 옆 중문을 넘어, 또 다른 중문으로 들어서야 한다.

이렇게 세 개의 대문을 거쳐야만 안채로 들어서는 충북 괴산의 '김항묵 고택'이다. 삶의 향기가 물씬 전해지는 고택의 안채는 안온한 기운이 감싼다. 대청마루 아래 수많은 여인의 발자국을 묵묵히 간직한 채 의연하게 납작 엎드려 자신을 받친 댓돌을 쓰다듬는다.

인고의 세월이 전해진다. 얼마나 오랜 세월 동안 버선발로 오르내렸으면 길쭉하고 넓적한 댓돌이 저리도 반질반질할까. 기나긴 삶의 여정 속에 수많은 희로애락을 켜 안고 살아온 여인의 삶의 흔적들 가늠하기조차 버겁다.

그저 바라보면서 종부의 삶을 상상한다. 안동의 어느 종부는 "욕망을 체념해야 마음이 편해진다. 종부는 관리하는 것이지 소유하는 것이 아니다."라고 한다. 이 댁의 숙명 같은 종부의 일생이 영화보다 더 생생하게 스친다.

안채 후원이다. 독특한 흙담에 눈길을 뗄 수가 없다. 전통 한옥 담장이나 내부구조는 별반 다를 게 없는데 이 댁의 흙담은 아주 특별하다. 마치 담 너머 자연과 소통이라도 하려는 듯 후원의 흙담은 뒷산 줄기에 야트막하게 촘촘히 잇대어 있다. 안채와 뒷산의 숨길을 열어 안채 여인들이 자연과 호흡하려는 선인의 지혜로움이 엿보인다.

옛날 사대부가는 자신이 사는 집과 풍류를 즐길 수 있는 정자를 소유해야 기본은 갖추었다는 말이 있단다. 당연, 담장 또한 웅장하고 화려하게 쌓아 세력을 과시했건만 이곳 선비는 인문과 자연을 아우르면서 자연을 벗 삼아 풍류를 즐겼나 보다. 이렇게 흙담이 야틈하게 산줄기에 어우러져 있는 담장은 속 깊은 배려의 성품이리라.

소환된 추억을 거두고 찻집으로 들어선다. 자박자박 디딤돌을 건너 한옥을 개조한 커피숍은 동서양의 어울림이다. 할로겐 조명등이 은은하게 밝히는 고급스러운 실내는 동, 서양의 불균형 같아 생경하다. 국산 차를 판매할 것 같은 한옥, 커피 판매는 한쪽이 내려앉은 시소 같다. 뻘쭘하게 서성이는데 세월이 허옇게 내려앉은 짧은 커트 머리의 안주인이 합석을 권한다. 전통과 현대의 조화를 이룬 단아한 생활한복이 맵시를 더한다. 아들이 커피숍을 경영하면서 호사스럽게 서양식으로 꾸미자고 했지만, 당신께서 고집스레 전통의 미를 간직한 한옥 스타일을 고수했단다. 고전이 좋은 우리의 마음이 서로 동하여 한참 동안 과거 속으로 걸어간 수다로 이어진다.

한옥의 경내는 분주하다. 정원을 거니는 사람들과 한옥 예찬을 쏟아내는 흥분된 한 여인을 물끄러미 본다. 정석을 고집하는 내 머릿속은 동·서양의 불균형 인테리어에 괜스레 신경이 쓰여 실내를 두리번거린다. 난 청바지를 입은 꼰대인가 보다.

여전히 예스러운 소품에만 관심 두고 서양의 고풍스러운 소품엔 눈길을 거둔다. 벽면 가득 빛살을 가르는 곳에 흙벽 난로가 차가운 눈길을 녹이며 평온하다.

고풍을 선호하는 나다. 하지만 외양은 찢어진 청바지를 즐겨 입는 신세대이다. IT 시대 미래지향적으로 당당하게 주목받는 나는 커리어 우먼이다. 내면 깊숙한 곳에 정석만을 고집하는 융통성 없는 꼰대일지라도 머리로는 청바지를 입은 꼰대 위치에서 벗어나려 애쓴다. 불쑥불쑥 고리타분한 보수적인 말을 쏟아내 스스로 당혹하게 하지만 정신만은 남다르다.

꼰대는 겉모습만 치장한 속 빈 강정이 아니다. 절대 포기하지 않고 치열하게 살아온 꼰대가 있기에 경제가 발전하고 삶이 윤택한 거다.

진보적인 꼰대는 새로운 가치관을 지닌 이 시대 진정한 리더이리라. 아무것도 하지 않으면 저절로 청바지를 입은 꼰대가 된다. 청춘의 트레이드마크 청바지, 청바지 하면 최고 경영자 애플 창업자 스티브 잡스가 떠오른다. 검정 터틀넥과 청바지 차림으로 '아이폰'을 선보일 때 정말 파격적인 차림이다. 이후 세계 각국에서 청바지 차림의 CEO들은 자유롭고 수평적인 기업 문화를 만들자는 의견이 유행처럼 퍼졌다. 물론 이런 변화가 권위적 기업 문화가 바뀔까? 의아해하는 사람도 있다. 기업인이 청바지 입은 모습은 젊음을 의미하기도 하지만 활기찬 에너지로 건강과 젊음을 동시에 표현했으리라.

이 시대 정확하고 빈틈없는 AI가 우리 생활 속에 깊숙이 들어와 모든 걸 해결해 준다. 그래도 따스한 손길과 부드러운 정이 담긴 청바지를 입은 꼰대의 정이 그리워지리라. 젊은 세대와 윗세대를 아우르는 꼰대야말로 이 시대의 영웅이며 진정한 꼰대이지 싶다. 별빛이 쏟아지는 소나무 아래서 청바지 뒷주머니에 손을 넣고 부서지는 별빛을 본다. 내가 걸어온 길이 정답은 아닐지 몰라도, 그 안에 삶의 흔적이 오롯이 담겨 있으리라.

매력 있는 여자

청바지를 입었다가 벗었다가 반복한다. 거울 앞에서 깨금발도 들어보고 아랫배에 힘을 주어 불룩 나온 배를 쑥 밀어 넣어도 영 마음에 들지 않는다. '그래, 게으른 것이 아니라 나잇살 때문이야.'라며 스스로 위로한다. 불어난 허리둘레를 애써 외면하며 바지통이 헐렁한 청바지를 고른다. 나이만큼 허리둘레도 왜 이리 늘어만 가는지 야속한 허릿살을 원망하며 청바지를 고수한다.

누구나 즐겨 입는 청바지이다. '이유 없는 반항'이란 영화 속 주인공 제임스 딘은 붉은 셔츠에 청바지를 입어 반항적이고 멋스러움을 자아낸다. 덕분에 청소년에게 청바지의 아이콘이 된다. 작업복이었던 청바지는 청춘과 젊음, 그리고 이유 있는 반항으로 시그니처 차림새로 패션계를 흔들어 놓는다. 청바지 역사를 보면 18세기 미국에서 시작된다. 당시 목화재배가 성행했는데 그때 일꾼을 위한 튼튼하면서도 쉽게 해지지 않는 옷의 소재로 진jeans이 사용된다. 이후 금을 찾아 서부로 향했던 광부도 튼튼하고 찢기지 않은 질긴 원단의 작업복이 청원단으로 만든 청바지이다. 저렴하면서 질기고 튼튼해 작업복으로 큰 인기를 끌었을뿐더러 대중에게도 판매된다.

청바지를 입은 그녀가 돋보인다. 부산한 거리, 가는허리에 배꼽이 보일 듯 말 듯 짧은 흰색 셔츠와 청바지 차림이다. 하이힐을 신은 그녀는 긴 머리를 찰랑찰랑 흩날리며 경쾌하게 걷는 저 여인, 누가 봐도 상큼한 이십 대이다. 애써 꾸미지 않은 민낯이어도 청초한 이십 대는 수채화같이 맑고 청아하다. 그녀에게 젊음의 상징인 청바지는 환상적인 궁합이다.

그런가 하면 검은색 셔츠를 청바지 속으로 넣고 S자 몸매를 강조하는 맵시 있는 청바지가 어울리는 삼십 대이다. 그녀들은 유채화처럼 짙은 감성이 물씬 풍기며 젊음을 거침없이 달린다. 굳이 차려입지 않아도 감각적인 매치가 돋보인다. 우아한 듯 무심한 듯 뚝 떨어지는 멋, 청바지를 입은 그녀들의 패션은 오가는 이들의 눈길을 사로잡기에 충분하다.

남녀노소 즐겨 입는 청바지이다. 인생의 정점을 찍는 오십 대 후반에 들어서면 점점 소화하기 힘들어지리라. 어느 순간 축 처진 엉덩이를 자꾸만 위 옷으로 가려야 한다. 엉덩이 아래로 한 줄 더 가는 청바지 주름 때문에 윗옷을 길게 입어 덮으려 애쓴다. 게다가 계단 오를 때면 걸음걸이도 엉거주춤한 상태이다. 젊음은 어디로 사라진 건지, 어느덧 은빛 머리가 돋보이는 나이이다. 이제는 청바지를 입어도 영 맵시가 나지 않고 불편하다.

노을이 짙어지고 어둠이 내린다는 육십 대이다. 이 나이가 되면 골반이 넓어지고 다리도 벌어져 무늬만 청바지인 고무줄 바지를 입는다. 인생의 피날레를 향한 육십 대는 걸음걸이도 젊을 때와 확연하게 다르다.

느릿느릿 보폭도 줄어든다. 인생 후반을 향해가는 나이, 계절로 말하면 가을이다. 열매들이 가장 농익은 때이고, 향기와 색상이 가장 아름다운 시기인 완숙한 삶이다. 속이 꽉 찬 배추의 노란 고갱이처럼 아니 양파처럼 육십 대의 삶은 완벽 그 자체로 청바지를 입은 젊음보다 더 매혹적이다.

청바지 매력은 나이별로 다르다. 작업복이었던 청바지는 셔츠에 검은색 재킷 그리고 헐렁하게 맨 목도리 하나면 멋 내기 패션의 완성이다. 티셔츠와 입어도 좋고 터틀넥 스웨터와 스타일을 완성해 주면 늘 변함없이 매력을 발산하는 청바지이다. 외모지상주의 시대, 청바지로 젊음을 돋보이려 하는 건 아니다. 모두가 즐겨 입는 청바지처럼 모두를 아우르는 것이랴.

젊음과 자유로움의 영원한 상징은 청바지이다. 변화무쌍한 삶의 여정에 외려 세월에 닳고 닳아 남루해져도 늘 변하지 않는 청바지이다. 이는 자신의 몫으로 꿋꿋하게 굳은 의지로 자리를 지키고 있는 나이 든 베이비 붐 세대이다.

나이가 들면 어깻죽지를 접는다는데 아니다. 청바지를 입은 젊은 그녀들처럼 당당하게 매력 있는 여자로 나선 우리이다. 외모보다 내면을 꽉 채운 베이비 붐 세대는 청바지처럼 타이트함을 유연하고 노련하게 만드는 무언의 힘이 있다. 분주한 삶의 거리를 매력이 넘치는 우리는 당당하고 화려하게 나서리라.

언약

　두 장 남은 달력이 생경하다. 자연이 만들어내는 최상의 예술 작품 중 하나 설경 사진이다. 바람마저 얼어붙은 것처럼 하얗게 눈으로 덮여있다. 스산하다. 괜스레 집안 곳곳을 뒤집듯 정리한다. 계절마다 집안을 뒤엎는 나를 두고 사춘기보다 더 무섭다는 갱년기란다. 현관 수납장을 정리하다 화들짝 놀란다. 서랍 속에 파크골프 공이 덩그러니 있는 게 아닌가.
　파크골프는 파크Park와 골프Golf의 합성어이다. 골프장처럼 잘 가꾸어진 잔디에서 자연을 벗 삼아 테니스공만 한 크기의 공을 골프처럼 경기하는 스포츠이다.

파크골프가 열풍이다. 열 일을 제치고 온몸이 땀으로 그렁그렁 맺히도록 파크골프 매력에 푹 빠진다. 풀잎에 맺힌 이슬이 마르기도 전에 삼삼오오 짝을 지어 파크 볼을 치면서 아침을 연다. 바람을 가르며 파크골프 공은 잔디 위를 날아다닌다. 목가적인 너른 파크골프 구장에서 장타를 쳤는데 홀 밖으로 공이 날아간다. 공을 찾을 수 없어 지인께 공을 빌려 게임을 이어간다.

그날 지인께 공을 빌려 잠시 사용하고 돌려드리라 언약했는데 까맣게 잊은 채 수납장에 있다니 당혹함에 먹먹하다. 여측이심如廁二心이라 했던가. 어찌 뒷간 갈 때와 올 적 마음이 다른지 공을 찾지 못해 안달하고 있을 때 잠시 빌려준 것을 잊고 있었다니. 이기적인 나의 행동은 구전으로 전해오는 설화 속의 소경과 무엇이 다르랴.

설화에 눈 한번 떠보는 게 소원인 소경이 있다. 소경의 안타까운 사연은 꼬리를 물고 널리 퍼지면서 부엉이가 알게 된다. 부엉이는 밤에만 활동하고 있으니, 낮에는 눈이 필요하지 않다며 소경을 찾아간다. 낮에 눈을 빌려드릴 테니 밤이면 눈을 꼭 돌려줄 것을 다짐받고 눈을 빌려준다.

다음 날 아침, 소경은 꿈같은 눈부신 세상을 본다. 그날부터 낮에는 소경이 밤엔 부엉이가 교대로 부엉이 눈을 사용한다. 어느 날부터 욕심이 생긴 소경은 부엉이 눈을 가지고 멀리 도망가 새로운 세상을 만끽한다. 밤이면 수없이 반짝이는 별을 보고 낮에는 아름다운 세상을 볼 수 있으니, 여한이 없는 소경이다. 욕심이 과했나 보다. 시간이 지날수록 소경의 눈이 점점 흐려지더니 깜깜한 어둠처럼 변하고 만다. 소경이 부엉이를 찾아갔으나, 눈이 없어 먹이를 찾지 못해 부엉이는 굶어 죽고 만다. 소경은 또다시 어둠 속에 갇힌 소경이 된다.

 소경은 부엉이에게 진심으로 눈을 돌려준다고 언약했지만, 순간만 묘면 한 것이다. 나 역시 잠시 빌린 파크골프 공을 꼭 돌려드릴 것을 약속했는데 여측이심이 된 거다. 긴할 때는 앞뒤를 가릴 수 없을 만큼 몹시도 급하게 굴었는데 급한 위기가 지나자 다급했던 마음이 사그라진 거다. 잘못도 모르고 무심하게 지내고 있었으니 난감하여 낯이 후끈 달아오른다.

 절실함을 잊었다. 도움받은 다급할 때의 초심을 잃었으니 나를 두고 여측이심이라 말하리라. 늘 내 옆에 있어 주는 사람이 귀하고도 귀한 은인인데 잊고 있었다니 실례가 이만저만 아니다. 아둔한 소경 같은 마음이 될까 싶어 만사 제쳐두고 지인에게 연락한다. 진땀 흘리며 이러구러 변명하는 내게 한사코 괜찮다는 지인이다. 어렵사리 빌린 공을 돌려드린다는 명분으로 약속을 잡고서야 양어깨에 짊어진 무거운 짐을 내려놓은 듯 긴 한숨이 나온다.

  우둔하게도 남의 신세를 지지 않으며 살아갈 것 같았는데 아니다. 세상에 독불장군이 어디 있으랴. 두루두루 섭렵하여 둥글게 사는 것이 인지상정이거늘. 수화기 너머에서 조용한 음성으로 따뜻하게 전해지던 "괜찮아." 한마디는 나를 숙연하게 만든다.

  다음날 하루 햇살이 익어가는 오후이다. 나의 바람을 아는 걸까. 바람도 걷고 싶을 때가 있는 것처럼 더없이 잔잔하다. 부러 약속 장소 먼발치에 주차하고 솔바람과 함께 자분자분 걸으며 주머니 간직한 공을 만지작거린다. 내가 가지고 있는 사랑과 우정을 한 조각 건네어 줄 마음이 동하길 바라며 커피숍 문을 밀고 들어선다. 언약을 잊은 나의 손을 잡아주는 그의 손길이 참으로 따습다.

원피스

    쇼윈도의 마네킹이 되어 본다. 허리춤에 한 손을 괴고 한 손은 앞으로 적당히 꺾어 들고 턱은 도도하게 치켜올린다. 쇼윈도 안에서 난연히 서 있는 마네킹 표정도 따라 한다. 거울 앞에 볼록한 아랫배는 힘주어 감추고 여러 자세를 취한다. 발목 위까지 차랑거리는 원피스, 적당히 잡힌 허리선과 넓은 어깨끈이 포인트다. 진종일 만든 원피스를 입고 모델 쇼하는 내내 흥분된 마음이 가라앉지 않는다. 여러 번 옷을 만들어 입지만 이번은 홧김에 만든 원피스라 그런지 더 정감이 간다.
    계절이 바뀌면서 옷 정리하던 중 서운한 일이 생긴다. 옷장을 뒤적이니 옷걸이마다 무겁게 걸려있는 옷가지들, 철철이 사 들였건만 아무리 들춰도 마땅히 입을만한 옷이 보이지 않는다. 괜스레 짜증이 난다. 가족들은 본체만체 무심하다. 그 많은 옷 중에 대충 고르라며 말 한마디를 툭 던진다. 그 한마디는 나의 마음을 겨울 한복판에 세워놓는다. 옷 방에서 서성거리는 내내 비수처럼 꽂힌 가족의 한마디가 서럽게 파고든다. 나이가 들면 눈물이 많아진다는데 별말 아님에도 내 가슴에는 찬바람이 일고 공허하다. 이내 까칠하게 변한 속내를 감추지 못하고 옷장 문을 '꽝' 닫으며 분풀이로 대신한다.

  나의 심성을 이해하지 못하는 가족에게 못내 아쉬운 마음이 가시질 않는다. 달도 차면 기울어지는데 나는 나이가 들수록 철들지 않았나 보다. 밴댕이 소갈딱지처럼 섭섭한 마음이 가라앉지 않아 커피로 어지러운 마음을 달래며 앉은뱅이 재봉과 양재 용구가 있는 다용도실을 이리저리 들추며 원단을 꺼낸다.

  하룻강아지는 아무것도 모르기 때문에 호랑이를 무서워하지 않는다더니 내가 딱 그 꼴이다. 겁 없이 옷을 만들어 본 적도 없으면서 원단 시장에서 보들보들한 몇 가지의 코르덴 원단과 양장 원단을 준비해 두고, 부자재 단추와 한복 노리개와 바느질 용품까지 준비하여 생활한복을 종종 만들어 입는다.

치민 화를 삭일 겸 단아한 곡선의 혼을 담아 우리의 옷을 독창적으로 창작한다. 신문지 두 장을 겹쳐 패턴을 그려 재단한다. 종이옷이지만 눈대중으로 우리의 옷을 만들어 입어본다는 기쁨에 가슴이 쿵쾅쿵쾅 널뛴다. 허리춤까지 내려오는 양장 저고리와 허리 치마를 굵은 실로 시침하여 가봉한다. 가봉한 옷은 선을 따라 재봉질로 완성한다. 저고리 동정은 같은 원단을 한 겹 덧 대여 두툼하게 만든다. 짧은 한복 저고리 대신 허리춤까지 내려오는 생활한복 저고리에 옷고름은 똑딱단추를 단다. 그 위에 매듭단추로 마감하여 고고한 멋을 더 한다.

팔 폭 열두 폭 한복 치마보다 허리 부분에 주름을 잡아 일상생활에 편리한 허리 치마로 마감한다. 눈썰미가 좋은 나는 생활한복을 만들어 독창적인 개성을 살린 옷을 입으니 소소한 행복이 이만저만 아니다.

한복은 곡선이고 양장은 직선 같다. 몸에 흐르듯 흘러내리는 한복 치마의 선과 속살이 보일 듯 말 듯 우아한 저고리 곡선은 한복의 맵시이다. 그래서 곡선인 한복 애칭으로 '바람의 옷'이라 한다. 일상에서 예복과 평상복으로 입는 양장은 직선이다. 깔끔하게 평면 재단하여 직선으로 박음질하여 몸에 맞춤의 옷이다. 직선의 양장은 신사적인 매력이다. 역사와 전통을 간직한 우리나라 대표 의복 한복은 특별한 날 입는 것보다 늘 일상에서 입는 생활한복은 덧없이 실용적이다. 전통한복보다 조금 변형되었지만, 우리 고유의 멋과 단아함을 살려 철릭 한복으로 더욱 멋스럽게 만들어 입는다.

그 실력을 더듬어 멜빵 원피스를 재단한다. 허리춤은 넓은 끈으로 조여들게 만들어 주름을 잡아 원피스를 완성한다. 소소한 일상의 행복이 원피스로 피어난다. 하나뿐인 나만의 원피스를 걸어놓고 날이 밝기만을 기다리는 흥분된 마음이 가라앉지 않는다. 무심하게 툭 던진 서운했던 가족의 한마디는 나에게 디딤돌이 되어, 또 하나의 창작품이 탄생한다.

언어를 이해하면 삶의 변화가 온다고 하지 않던가. 아무것도 하지 않으면 아무 일도 일어나지 않는다. 찬바람처럼 가슴을 스친 무심하고 야속한 한마디가 아니었다면, 원피스를 만들 생각은 하지도 않았으리라. 그 말이 나를 깨웠으니 외려 감사하다. 마음마저 녹여준 나만의 옷을 늘 특별하게 입으리라.

삐삐 주전자

   온몸이 발갛다. 더욱이 투박하고 둔탁하여 어여쁘지도 않다. 잘록한 허리선도 찾아보기 어렵다. 몸통에서 위로 길쭉하게 뽑아 올린 유려한 곡선의 주둥이는 거만해 보이기까지 하다. 작은 하모니카가 달린 뚜껑과 허리 굽혀 인사하는 형상인 듯한 손잡이다. 그런데 조금이라도 과한 사랑을 주면, 화를 참지 못하고 끓어 넘친다. 과함은 해가 된다는 이유이리라. 매일 적당한 거리를 두고 부드럽게 감싼다. 하모니카가 달린 일명 삐삐 주전자다.

   매일 경쾌한 하모니카 연주로 하루를 연다. 오랜 세월 동고동락하여 낡았는데도 한 치 엇박자도 없이 유쾌한 하모니다. 물이 끓기 시작하면 뚜껑에 달린 하모니카가 달그락거리며 연주하는 삐삐 주전자다. 조용한 도자기 찻주전자와는 달리 삐삐 주전자는 소란하고 정숙한 곳이라고는 없다. 요란해도 경쾌한 연주와 감로수까지 안겨주니 어찌 좋아하지 않을 수 있으랴. 세상이 변한다 해도 물을 사 먹는 세상을 상상이나 했으랴. 물이 풍부한, 우린 사치라 여겼는데 이젠 물, 공기도 사 마셔야 할 정도로 오염된 지구라니 아이러니하다. 정수기가 곳곳에 설치되어 있고 물을 사 먹는 것이 당연하다. 그렇게 세상은 저만치 달려가고 있는데 나는 아날로그 방식 그대로 삐삐 주전자에 물을 끓인다. 이는 시아버지의 며느리 사랑 때문이리라.

 시아버지는 숲이 푸르러지면 유근피를 준비한다. 밭둑에 심어둔 느릅나무를 이른 아침부터 채취한다. 지게 가득 느릅나무를 짊어지고 언덕배기를 내려올 때면 지겟작대기로 흥겹게 장단을 맞춘다. 시아버지는 너른 명석에 앉아 손잡이가 짧은 조선낫으로 묵묵히 느릅나무 껍질을 벗긴다.

 참선하는 도인처럼 앉아 흐트러짐 없이 작업하는 모습에서 식구를 사랑하는 마음이 읽힌다. 하룻볕이 기울어질 무렵이면 손에 낀 목장갑이 느릅나무 진으로 벌겋게 물든다. 노을에 물든 흐뭇한 시아버지 미소는 양은 주전자에서 끓고 있는 유근피를 상상하고 계셨으리라. 그렇게 벌겋게 속살을 드러낸 껍질은 통풍이 잘되는 싸리발에서 소곳이 꾸둑꾸둑 말라간다.

 시댁 처마 밑에는 유근피가 담긴 무명 자루가 주렁주렁 매달려 있다. 마시는 물 하나에도 몸에 이로운 것을 끓여 먹는 시댁은 유근피 사랑이 남다르다. 몸속에 염증을 없애고 면역력 증진 시킨다는 유근피는 온 식구의 감로수다. 장성한 자식들은 도시에서 문명을 누리고 있는데 시아버지는 매년 손수 채취하여 말린 유근피를 끓여 먹으라고 나눠준다. 겨울이면 무명 자루에 꾹꾹 눌러 담은 유근피는 물론 잡곡까지 고분고분 챙긴 보퉁이를 안겨준다. 그 덕분에 집집이 붉게 우러나오는 유근피를 끓인다. 붉은 물은 식욕을 돋고 감칠맛이 있어 생수보다 더 찾는다. 이로운 효능이 많은 유근피를 끓이는 주전자는 물론 물병까지 붉게 물든다. 주전자를 주기적으로 식초를 물에 타 끓여 붉어진 때를 없애는 번거로움이 있지만, 진한 향수 덕분에 고집스레 물을 끓여 먹는다.

 삼복이면 유근피에 대추와 황기를 넣고 끓인 물로 더위를 달랜다. 이렇게 가끔은 오장을 보호해 주는 약재를 구하여 끓여 마신다. 시아버지가 계시지 않은 지금은 연잎과 엄나무를 끓인다. 생전 시아버지가 그랬듯 유근피 대신 여름이면 연잎을 채취하여 아홉 번을 덖어 차를 만든다.

　연잎의 효능은 중요하지 않다. 시아버지처럼 몸에 밴 습관으로 예전처럼 물을 끓인다. 주변에서는 고루하고 답답하단다. 하루가 다르게 변하는 첨단시대에 물을 끓이는 일이 생경하게 보였으리라. 생수가 있어도 우리 집은 여전히 물을 끓이느라 삐삐 주전자의 연주가 계속 이어진다.

　어느덧 삐삐 주전자도 나이를 먹나보다. 내 눈언저리에 잔주름처럼 탱탱하던 빛을 잃어간다. 늙은 호박처럼 빛을 잃었지만, 연주만은 예나 지금이나 일품이다. 과하면 부족함보다 못하다 했다. 조금 귀찮더라도 주전자에 물을 끓일 때의 넘침은 욕심을 부리지 않고 자신을 절제하는 뜻이 담겼으리라. 조급하지 않게 기다림의 여유로 과하지 않게 세상을 보라는 선인의 지혜이리라.

　세월의 흔적을 고스란히 간직한 삐삐 주전자, 시아버지의 흔적과 교훈이 아리게 파고드는 날이다.

제3부

바람도 걷고 싶을 때가

바람도 걷고 싶을 때가 있으리라.
언제나 머무르고 싶은
그곳에서
아주 천천히 걷고 싶다면
떠나기 싫어서
한없이 바라만 보고 있으리라.

물탕거리
숨겨진 사랑
더부살이
살아 백 년 죽어서 천 년일까
생각이 머무는 자리
송목

물탕거리

　불볕더위이다. 해를 쫓던 해바라기도 폭염 앞에 고개를 떨군다. 장미도 소금에 절인 배추처럼 축축 늘어져 더위를 삭힌다. 한낮의 열기는 중천에 머물고 머리 위로 쏟아지는 햇볕이 따갑다. 고운 밀가루처럼 하얗게 부서지는 폭포가 그리워지는 나날이다. 이렇게 삼복더위가 시작될 무렵이면 나의 의지와 상관없이 유턴한 기억들은 유년 시절에 머문다. 에어컨도 없던 시절 약샘에서 등목하던 [5]아치실의 기억을 더듬는다.

5　충북 괴산군 감물면 안민동 매전리에 위치.

아치실은 약샘이다. 물탕거리로 동산 중턱쯤 소줏고리를 닮은 곳에서 샘물이 솟는다. 삼복이면 복달임으로 더위를 삭이러 찾는 곳이다. 마을에서 동떨어진 곳으로 사시사철 맑은 물이 솟는다. 여름에는 외지에서도 피서객들이 찾아와 등목으로 복달임한다. 물맛도 일품이지만 무엇보다도 이곳은 폭염에도 발이 시릴 정도로 차다. 장마철에도 물이 불어나거나 색이 변하지 않고 가뭄에도 전혀 물이 마르지 않아 신이 내린 약샘이라 불린다.

병원, 약국도 읍내에만 있던 시절이다. 여름이면 동네 사람들은 가족을 앞세우고 솥단지 속에 그날 먹을거리를 잔뜩 짊어지고 등목하러 약샘으로 간다. 그 시절 지금의 아토피 같은 피부질환이 많았다. 밤새 가려움을 참지 못해 긁고 나면 피부는 진무르고 손톱 밑에는 피가 검게 말라붙어 있다. 어렵고 궁핍했던 터라 병원보다 민간요법에 의지한다.

어른들은 피부질환이 생기면 약국보다 먼저 찾던 곳이 바로 아치실이다. 버짐과 땀띠가 생기면 부모님들은 서넛 집씩 모여 먹을거리를 준비하여 가족을 대동하여 이른 아침부터 아치실로 등목하러 간다. 길동무가 좋으면 먼 길도 가깝다고 한다. 피부질환으로 등목 가는 길이지만 우리는 또래들과 소풍 가는 양

들뜬 기분은 가려움도 잊게 만든다.

　신성한 약샘이다. 어르신들은 도랑을 만들어 주변 정비하여 물이 고이도록 널찍하게 만든다. 어머니는 아치실 올 때마다 종지에 쌀을 담아 약샘 바위 위에 올려놓고 치성을 드린다. 신성한 곳이라 부정 타면 안 된다며 온갖 정성을 들인다. 밥을 먹을 때도 신에게 먼저 바친다며 첫술의 음식을 조금 떼어 던지는 고수레를 한다. 우리는 뭐도 모르면서 '고수레'를 외치며 첫술을 여기저기 던진다. 어른은 불장난을 좋아하고, 아이는 물장난을 좋아한다는 말이 있는 것처럼 우리는 진종일 물놀이에 빠진다.

　약샘은 놀이터로 변한다. 너무 차가워 쉬이 들어가지 못하고 주뼛거리다가 조금씩 물을 끼얹으며 장난이 시작된다. 한번 시작한 물놀이는 손발이 오그라들고 입술이 퍼렇게 되도록 멈추지 못한다. 그렇게 동무들과 함께 물속을 들락거리며 물장난친 것이 효능이 있나 보다. 몇 번 다녀오면 피부질환이 흔적 없이 낳는다. 별것도 아닌 목욕만으로 완치되었다는 말이 여러 사람의 입에 오르내리면서 약샘은 더 유명해진다. 발 없는 말이 천리 간다고 입소문으로 아치실은 여름이면 문전성시이다.

　신비의 약샘 아치실이다. 신성한 곳으로 마을 사람들은 아치실을 가려면 몸도 마음도 예를 갖춘다. 아치실 가는 길은 그리 쉽지만은 않다. 무엇보다도 약샘까지 가는 도중 뱀을 만나면 부정 탄다고 하여 모두 되돌아온다. 또한 가는 길목에 절대로 살생을 금한다. 아무리 하찮은 미물이라도 함부로 죽여선 안 되고 식물도 절대로 꺾지 못하게 한다. 행여 실수로 곤충이라도 죽이면 불경스럽다고 하여 뒤돌아온다, 얼마나 신성한 곳인지 가히 짐작 가는 곳이다.

삼복더위가 목전이다. 이렇게 더운 날이면 아치실이 아름아름 생생하게 그려진다. 추억을 그리는 모습을 보면 사람은 추억을 먹고 산다는 게 맞긴 맞는가 보다. 이른 아침부터 보따리를 머리에 이고 약수터로 가던 그때의 오솔길이 그립다,

떨어지는 빗방울 수만큼 쌓이는 추억들이 그리움이 되어 녹아내린다. 오염이라곤 찾아볼 수 없었던 물탕거리, 피부질환에 탁월한 효과가 있어 찾던 약샘이다. 세월 앞에 장사 없다더니 이젠 그곳도 문명의 발전을 피해 가질 못한다. 예전의 아치실 가던 오솔길은 지역개발로 확장된 도로로 발전했다. 추억을 간직한 풍경은 사라지고 까맣게 포장된 아스팔트가 번듯하다. 문명의 발전도 다 좋다. 그러나 편리하다는 이유로 옛것이 슬금슬금 사라지고 잊힐까 봐 아쉬움이 앞선다.

아치실은 지금도 약수가 솟아나지만 찾는 이가 드물다. 나처럼 옛 기억을 더듬어 한 번씩 찾는 것이 전부이다. 관리가 소홀해지면서 웅달샘이 되어 작은 웅덩이에서 가느다란 물줄기만 흘러내린다. 이제는 우리 마음속에 간직한 추억으로만 남아 있을 뿐이다. 개발도 좋지만, 더 이상 없어질까 봐 마음이 쓰여 자꾸만 뒤돌아보게 한다.

약수는 마시거나 몸에 바르면 약효가 있다고 믿었으리라. 요즘 현대인들은 약수의 효능을 잘 믿지도 않지만, 자연이 내려주신 신의 선물이라 믿는다. 눈을 감으면 선하게 그려지고 고향에 대한 그리움을 듬뿍 담은 약샘이다. 삼복이면 때때로 진한 향수가 되어 마음은 그곳을 달려간다.

숨겨진 사랑

 그늘에서 빛나는 양치식물이다. 음지에서 환하게 빛나는 듯한 금관 모양의 잎은 독특한 매력이다. 그늘로 우거진 계곡 언저리 유난히 푸른 식물에 감탄사를 쏟아내며 우리는 그곳으로 발걸음을 옮긴다.
 관중貫衆이다. 무릇 커다란 나무 아래는 그늘 때문에 식물이 잘 자라지 않는다. 그럼에도 활짝 편 우산처럼 푸른 잎을 짝 펴고 당당하게 숲속을 꽉 채운 관중이다. 위에서 내려다보면 회오리바람이 나선형 모양으로 빙빙 도는 착시이다. 고사리 이파리를 닮은 듯한 관중은 커다란 이파리를 활짝 펴 젖힌다. 주변에 솜털을 이고 여린 순을 돌돌 말고 피어나는 새순은 아기가 주먹을 꼭 움켜쥔 듯 곱살스럽다.

참으로 자연의 섭리는 오묘하다. 모두가 양지를 원하고 햇빛을 향해, 가지 끝을 쭉 펴는데 관중은 다르다. 음지에서 지조를 지키는 선비처럼 음습하고 비옥한 곳에서 꿋꿋하게 자리를 지킨다.

관중 성향은 돌봄의 종사자와 닮았다. 누군가가 지켜보는 이 없어도 돌봄 종사자는 낮은 자세로 업무에 임한다. 돌봄은 고령의 노인성 질환으로 독립적인 일상생활을 수행하기 어려운 어르신을 보살펴 주는 일이다.

신체활동이나 가사 및 일상생활 활동 등을 전문적으로 서비스를 제공한다. 거동이 불편한 어르신의 손과 발이 되어 위로와 격려로 정서 지원은 물론 어르신의 심리적 안정까지 도와준다. 집 밖으로 나오지도 못할 정도로 거동이 불편한 어르신, 독거생활로 절실하게 도움이 필요한 어르신을 보조해 드리는 돌봄은 관중처럼 낮은 곳에서 일한다.

그렇게 관중이 음지에서 숲을 지키고 있듯 돌봄 전문가로서 봉사와 사랑으로 전문적인 업무를 수행한다. 여느 자식 못지않게 관중이 음지에서 묵묵히 자라면서 숲의 음과 양의 생태계

연결고리처럼, 사회복지 혜택을 받지 못하는 소외계층의 어르신을 돌보는 돌봄과 관중은 서로 비슷하게 닮았다.

넓은 이파리의 관중이다. 우산처럼 쫙 펼친 이파리 중앙으로 잎이 떨어지고 벌레가 들어와도 관중은 묵묵히 자리를 내준다. 몸부림을 치지도 않는다. 음지에서 자신의 몸 중앙으로 떨어지는 낙엽들을 온몸으로 받아서 들며 꿋꿋하게 자리를 지키는 관중이다. 그렇게 오랫동안 관중 몸 안으로 쌓인 낙엽은 스스로 발효되어 거름이 되어 관중에게 양분으로 보답한다.

관중의 꽃말은 '숨겨진 사랑'이다. 꽃말처럼 관중은 볕도 잘 들지 않은 음지에서 푸른 잎을 왕관처럼 활짝 펴 자연생태 숲을 조성한다. 묵묵히 자연의 섭리를 거스르지 않고 오롯이 품고 있다. 서로 상생하듯 서로 도움이 되면서 순리대로 음과 양의 질서를 지킨다. 본시 음과 양은 상반된 극을 이루고 있어 불협화음이 일기도 하고, 난관에 부딪히기도 한다. 그러나 자연도 인간세계도 하나로 어울렸을 때 비로소 완전체가 된다. 태양을 향해, 가지를 뻗는 나무 아래 음지에서 숲을 이룬 관중과 나무의 조화가 완전체이리라.

바람 한 모금 마셔본다. 모두가 으뜸이길 원하고 낯내기를 좋아하는 세상이다. 많은 사람 앞에서 본인의 이름과 얼굴을 알리려 열망하고 원하는 이들이 많다. 그럼에도 음지에서 낮은 곳에서 표시 나지 않게 임하는 자세, 관중이나 돌봄의 사명감은 바로 올곧음이 깃들여있기 때문이랴.

재물을 탐내지 않고 의리와 원칙을 소중히 여기며 당당하고 떳떳하며 비굴하지도 않다. 꼿꼿한 정신으로 세속적 이익을 억제한 의리 정신을 가진 정신이리라.

풍경 한 모금 마셔본다. 나뭇가지 사이로 부서지는 햇살을 잡아본다. 절묘하게 어우러지는 화음처럼 녹음방초에 매료되어 자리를 뜨지 못한 채 시간을 잡는다. 하루를 모두 쏟아부어도 모자란 시간, 숲과 향기로운 어울림으로 발걸음을 멈춘 우리는 겨우 일어선다. 빠르게 변하고 쉽게 변하는 세상, 먼발치 관중은 여전히 꼿꼿하고 당당하게 이파리를 활짝 펴 온 세상을 다 켜 안은 듯 편안하게 굽어본다. 바람이 인다.

더부살이

천년세월을 지켜온 거목이다. 압각수鴨脚樹란다. 압각수는 오래된 은행나무의 밑 둥지가 오리의 정강이처럼 생겼기 때문에 부르는 별칭이다. 은행잎을 자세히 보면 물갈퀴가 있는 오리의 발 모양과 비슷하다. 또 공손수公孫樹라 불리기도 한다. 공公은 다른 사람을 높이는 말이고 손孫은 손자이고 수樹는 살아 있는 나무란다.

은행나무가 자라 풍성한 열매를 맺으려면 오랜 세월이 걸린다. 할아버지가 심고 손자나 그 후대에 결실을 본다고 하여 공손수公孫樹라 한다. 은행나무는 눈앞의 이익이나 당대의 수확을 위한 것이 아니라 후손을 위해 심은 선조들의 미래 투자를 위한 속 깊은 나무이리라.

문헌에 의하면 공자가 은행나무 그늘 향단에서 제자들을 가르쳤기 때문에 공자를 모시는 뜰엔 제자들이 은행나무를 심었다고 한다. 우리나라도 예전엔 자식이 없으면 은행나무 아래서 치성드려 자식을 얻을 수 있다고 믿는 신목神木이기도 하다. 또한 은행나무는 성균관 등 유교 관계학교와 단체의 상징으로 은행잎을 도안화했다고 한다. 살아 있는 화석이라 할 만큼 오래 사는 은행나무는 우리나라 곳곳에 보호수나 가로수로서 수형이 크고 아름답다.

청주 중앙공원에는 은행나무가 유달리 많다. 충청북도 기념물 제5호로 지정될 정도이다. 서로 마주 보아야 열매 맺는 압각수 그늘은 쉼터이며 역사를 오롯이 담고 있는 역사공원이다.

공원 내 밑동이 그리 굵지 않은 은행나무 한 그루가 유독 눈에 띈다. 톺아보니 나뭇가지 중간에 색다른 이파리가 흘날린다. 그 나뭇가지는 기다란 가지를 뻗어 은행나무의 가지만큼 커다랗게 자라고 있다. 굴러온 돌이 박힌 돌 뺀다고 나뭇가지 중간에 자리 잡은 것이 실하게도 자라 길쭉길쭉한 열매도 달아 놓는다. 이파리 색깔도 은행나무와 흡사해 얼핏 보면 잘 알아보지도 못한 더부살이 나무는 자작나무이다. 더부살이에 저리도 당당하게 염치없는 나무를 보고 있자니 자작나무를 닮은 어르신이 떠오른다.

어르신의 삶은 기구하다. 중앙공원의 은행나무와 비슷한 삶이다. 머리에 비녀를 꽂고 한복을 입던 시절이다. 마을 어르신들은 그분을 자손 없는 할머니라 한다. 대를 이을 자식이 없었기에 그 집안에서는 손孫 없는 할머니라 통한다. 손 없는 할머니는 현모양처의 며느리로 뿌리 깊은 은행나무처럼 조강지처로 극진히 시부모님을 공양한다. 그러나 무슨 변고인지 칠출七出 중의 하나 대를 잇지 못하고 있다.

은행나무는 척박한 땅에서도 뿌리를 내린다. 모진 풍파에도 튼튼하게 자라 결실을 잘 두 거두는데 조강지처는 후사를 이을 자손을 얻지 못하고 있다. 달의 정기를 마시며 치성을 올리기도 수십 해 수태를 위해 곳곳에 아이를 점지해 주는 바위도 수없이 갈아 마신다. 아이를 많이 낳은 집 아낙의 고쟁이 입기는 물론 후사를 위해서 무엇인들 안 해 봤을까마는 나날이 칠출로 고초를 겪는다.

시부모는 결단은 내린다. 기다림에 지친 시부모는 대를 이을 후처를 사랑채에 들인다. 더부살이 같은 삶의 서막 기구한 두 여인의 운명이 시작된다. 마치 은행나무 중간에 씨앗이 비집고 들어와 자리를 틀고 제집인 양 당당하게 자라는 자작나무와 흡사하다.

당연하다는 듯 담대하게 후처는 사랑채에 기거한다. 무심하고 야속한 삼신할머니는 끝끝내 안채에는 아이를 점지해 주지 않는다. 사랑채에서는 몇 해 동안 계속 이어 아기 울음소리가 울려 퍼진다. 대를 이어갈 몇 명의 아이들의 웃음소리는 집안 곳곳에 넘쳐나 담장을 넘는다. 중앙공원 은행나무에 자작나무가 염치없이 당당하게 더부살이하는 것처럼 후처는 당당하다.

발에 짓밟혀 으깨진 은행에서 고약한 악취가 널리 퍼져 사람들에게 괴로운 고통인 것처럼 안채에서는 수없이 고통을 인내한다. 머리를 조아리며 시커멓게 타들러 가는 속을 얼마나 달래고 달래셨을까. 마치 쪼글쪼글 딱딱하게 말라버린 은행처럼 쭈글쭈글 응어리진 속앓이 그 가슴은 돌덩이처럼 딱딱하게 굳어 있었을 게다.

늘 살얼음 위를 걷고 있는 안채의 삶이다. 무심코 던진 말 한 마디가 비수가 되어 돌아오지 않을까 노심초사이다. 시기와 질투를 하는 언행은 물론 눈빛조차도 표하지 못하고 세월을 꾹꾹 억누르며 생채기 같은 시간을 보낸다.

막막하다. 맹지 위에서 나락으로 떨어지듯 아슬아슬 줄타기 하듯 고통스러운 삶의 연속이다. 그럼에도 단단한 껍질 속에 실한 열매를 품고 있는 은행처럼 삶도 익어간다. 고달픈 삶은 은행껍질처럼 삶이 두꺼워지고 흔들릴 염려 없이 아주 미덥게 굳어진다. 공원의 은행나무가 더부살이하는 자작나무를 품고 있듯 그렇게 세월을 품은 손 없는 할머니는 애증의 삶을 지낸다.

안채와 사랑채는 돌담 하나 사이다. 얼마나 깊고 깊은 사랑과 미움의 강물이 흘렀을까. 가슴앓이 앓듯 남에게 말도 못 하고 혼자 속으로 애태우던 손 없는 할머니의 삶. 퍼렇게 멍든 것처럼 푸르던 이파리가 농익은 삶처럼 때가 되면 누렇게 익어가는 은행나무이다. 더부살이하는 자작나무는 사랑채 할머니처럼 봄이면 은행나무와 함께 새순이 돋고, 가을이면 똑같이 단풍이 들면서 제자리인 양 세월을 보낸다. 더없이 청정해 보이는 가을이다. 아프면 아픔으로 슬프면 슬픔으로 사셨을, 손 없는 할머니의 애증을 감히 가늠해 본다.

중앙공원 압각수의 그늘이 점점 길게 늘어진다. 설핏, 손 없는 할머니의 치맛자락이 이파리 사이로 흩날리는 듯 보였다가 사라진다. 한참 동안 시선을 떼지 못하고 먹먹하게 응시하다 돌아선다.

살아 백 년, 죽어서 천 년일까

　붉디붉다. 붉은 물을 토해낼 것 같은 정열의 꽃이다. 멀어지는 여름을 꽉 붙들고 더 붉게 꽃을 피워내느라 안간힘을 쓰는 배롱나무이다. 풀잎에 이슬이 맺혀 가을 기운이 완연하다는 백로가 코 앞이다. 금세 무겁게 짓누르던 더위가 사그라진 듯하다. 자분자분 발걸음을 따라오던 더위가 한풀 꺾인 듯하다.
　산사에 오른다. 얼마나 걸었을까. 언덕바지 커다란 느티나무 밑동이 서로를 꽉 껴안은 연리근連理根이다. 나는 망부석이 된다. 가지가 붙은 연리지連理枝와 줄기가 붙은 연리목連理木은 수없이 보았건만, 뿌리가 붙은 연리근은 처음이다. 서로 보듬듯

엉키듯 오랜 세월 사찰 입구에서 뿌리를 훤히 드러내 놓은 연리근, 마치 양팔을 벌려 어깨동무하듯 서로를 꼭 껴안고 있다. 하세월 동안 사찰을 굽어 지켜온 느티나무 연리근이 참으로 이채롭다.

애틋한 사랑의 상징이리라. 아름드리 연리근이 있는 이곳은 유네스코에 등재된 안동의 봉정사이다. 오롯이 처음 그대로 보존되고 있는 봉정사, 덧칠되지 않아 희미하게 퇴색된 고아한 단청이다. 고즈넉한 경내를 둘러보고 있음에도 어떤 힘에 이끌리듯 연리근이 머릿속에서 떠나질 않는다. 소가 되새김질하듯 올칵올칵 토해낸 추억들이 나를 헤집고 기억 끄트머리에 있는 지인 부부가 나를 잡는다.

지인 부부는 연리근을 닮았다. 당뇨에 비만 환자인 지인은 기저질환자임에도 꼭 반주飯酒를 즐기시는 여걸이다. 체격도 목소리도 남편보다 더 크고 우렁차다. 반면 부군은 마른 체격으로 여린 듯 보이지만 강단이 센 체력으로, 당뇨로 인해 불편한 아내를 지극히 돌본다. 금주해야만 하거늘 뚝 끊지 못하는 아내는 남산만 한 술배를 끌어안고 지낸다. 병중에도 무엇이 그리 당당한지 여걸의 모습을 저버리지 않는다. 그럴 때마다 뒤에서 아내의 뒤치다꺼리를 묵묵히 처리하며 돌보는 부군, 대

조적인 외향을 지닌 언밸런스의 원앙 부부이다.

　세월 앞에 장사가 있으랴. 오랜 지병 악화로 몸을 가누지 못해 여걸의 아내는 끝내 몸져눕는다. 고령의 부군은 나이로 인해 당신 몸 돌보기도 버거운데도 아내를 극진히 간호한다. 골골 팔십이라 했건만 몸져누운 여걸인 지인은 실낱같은 삶의 끈을 힘겹게 부여잡고 있다. 몇 달을 버텼건만, 끝내 모두의 가슴에 슬픔만 남겨놓고 한 줌 흙이 된다. 무엇이 그리 급하다고 홀로 떠나셨는지 짝을 잃은 원앙 부부의 한쪽 날개가 꺾인 부군은 온 힘을 다해 버틴다.

　배필 조라 하는 원앙새 '원'은 수컷 '앙'은 암컷이다. 배필 조는 한 쌍 중 한 마리가 죽으면 나머지 한 마리는 제짝을 그리다가 죽는다고 한다. 그래서 죽음으로 지킨 사랑이라는 원앙새이다. 금실이 좋은 부부를 두고 원앙 부부라 하지 않던가. 그래서일까, 일주일 만에 또다시 믿을 수 없는 비보가 날아든다.

　세상 풍파에도 변함없이 한결같은 분이었는데 마른하늘에 날벼락이라더니 모두 눈과 귀를 의심한다. 믿을 수 없는 일이다. 어느 구름에 비 들어있는지 모른다고 한다. 아내를 당신 손으로 극진하게 돌봤는데 끝내 아내를 잃은 상심이 크셨나 보다. 부군도 일주일 만에 원앙새처럼 아내 뒤를 따라가셨으니 남은 가족의 상심을 어찌 말로 표현할 수 있으랴.

 얼마나 그리움이 사무쳤을까. 죽음도 부부를 갈라놓지 못한 금실이다. 남들은 줄초상이라 의아해하지만, 자식들은 부모님의 숭고하고 애틋한 사랑에 마음속 깊이 존경심을 표한다. 요즘 우스갯말로 사랑의 콩깍지가 벗겨지는 유효기간은 삼 년이라고 한다. 그런데 죽음까지 동행한 사랑이라니 어느 누가 감동하지 않을 수 있으랴. 마치 연리근 같은 부부이다. 오랜 세월 햇볕과 바람을 맞으며 두 몸이 하나가 된 사랑의 나무 연리근, 나무의 뿌리는 근원이며 정신이랴.

 가을이 오는 길목이다. 살아 백 년, 죽어서 천 년이라는 주목처럼 연리근을 닮은 지인 부부의 아릿한 사랑이 가슴을 훑고 지나간다. 깊고 절실한 사랑의 연리근처럼 여길 부부는 내세에서 못다 이룬 사랑을 이루시길 염원하고 염원한다.

생각이 머무는 자리

봉선화가 만발이다. 여름 끝자락 꼬불꼬불 꽃주름을 한 군데 뭉쳐놓은 것 같은 맨드라미 옆에 봉선화도 질세라 온몸을 세운다. 봉선화꽃을 보면 누구라도 같은 생각이다. 첫눈이 내리는 날까지 봉선화 물이 남으면 첫사랑이 이뤄진다는 속설을 재미 삼아 봉선화 꽃물을 들인다.

매년 봉선화 꽃물들이기에 열중이다. 올해도 채반에 봉선화 꽃잎과 이파리를 꺾어 서늘한 곳에 신문지를 덮어 시들기만 기다린다.

그날 밤, 예전에 그랬던 것처럼 이파리와 꽃잎이 꾸둑꾸둑해지자 절구에 백반과 약간의 소금을 넣어 곱게 찧는다. 발톱 위에 가지런히 올려놓곤 비닐로 감싸고 무명실로 칭칭 동여맨다. 잠버릇이 고약한 유년기 시절 봉선화 꽃물 들이는 밤이면 비닐이 빠져나가 이불이며 베갯잇에 울긋불긋 꽃물이 손톱보다 더 진하게 물든다. 그 기억으로 봉선화 물들이는 날이면 비닐이 벗겨질까 봐 양말을 신고자면서도 자다 깨다 물들이기에 정성이다.

 선잠에서 깨어 손톱, 발톱을 먼저 본다. 봉선화 물이 잘 들여진 붉은 손톱을 보면서 첫눈 내릴 때까지 잘 버티게 주절주절한다. 술은 입으로 들어오고 사랑은 눈으로 들어온다고 한다. 그래서일까 동국세시기 기록에 의하면 첫사랑을 기다리는 때인 입하와 소만 무렵 손톱에 봉선화 꽃물 들이기가 있다.

 봉선화 물의 붉은색이 요사스러운 귀신을 물리친다는 믿음도 있다. 악귀로부터 몸을 보호하려는 민간신앙의 의미가 있어 모두가 열심히 물들이기에 정성을 쏟았는지도 모른다. 꽃 같은 처녀는 민간신앙의 의미보다 손톱을 아름답게 하려는 여인의 마음이 더 간절했으리라. 봉선화 꽃물들 이기는 첫사랑을 기리는 선남선녀들의 깊은 연정戀情을 물들이는 건 아닐는지. 그래서 사랑은 눈으로 들어온다고 했으리라.

차가운 이슬이 맺힌다. 내리쬐던 한여름의 뜨거운 태양도 기력을 잃는다. 찬 이슬이 맺히기 시작하는 한로가 수런거리며 다가온다. 이러구러 내 발톱에 반달이 떴다. 붉은 물이 톡 터질 것 같은 반달에 시선을 얹혀놓고 요동치는 마음을 다독인다. 지난 연말 봉선화 꽃물이 발톱 끝자락에 머물자, 보름 동안 깎지 않았던 적이 있다. 간절히 원하면 이뤄진다고 직장에서 소망하던 일이 이뤄졌다. 딱히 봉선화 꽃물이 첫눈이 내리기 전에 남아기에 이뤄진 것은 아니지만 괜스레 의미를 부여하고 싶은 마음이다.
 발톱을 깎아야 하는데 반달이 뜬 발톱을 깎지 못하고 슬그머니 손톱깎이를 집어넣는다. 행여나 반달이 그믐달로 변할까? 노심초사이다. 달걀 두 판을 향해 달음 치는 나이에 첫사랑을 기억하는 것도 아니고, 첫사랑이 이뤄지길 소망하는 것도 아니다. 딱히 깎지 말아야 할 명분이 있는 것도 아니면서 투명 매니큐어를 발라 부러질까? 애지중지한다. 왠지 간절히 원하면 이뤄질 것 같은 믿음, 그 생각이 이뤄지길 원해서이다.
 노력도 운도 따라오겠지만 자신의 신념과 진리는 포기하느냐 포기하지 않느냐에 달려 있으랴. 타인에 의해서 내가 바뀐다면 고통과 상처가 되지만, 내가 나를 바꾸고 변화시키면 능

력자가 된단다. 나의 염원이 이뤄지길 소망하면서 봉선화 꽃물이 빠지기 전 첫눈을 기다리는 마음이다.

발톱에 화사하게 핀 반달이 얌전히 앉아 있다. 하루를 쏟아부어도 모자란 시간 서둘러 달려가는 시간 앞에 생각도 쫓아간다. 세월의 깊이를 파악하면서 날카롭고 진중한 눈길도 매섭게 쫓아간다. 사람은 큰 돌에 걸려 넘어지는 것이 아니라 작은 돌부리에 걸려 넘어진다. 내가 힘들다고 벗어나고 싶은 그 자리에 누군가는 간절하게 앉고 싶은 자리일 수도 있으랴. 세상은 그냥은 없으리라. 작은 돌부리에 걸려 넘어졌다고 허 뜻으로 보면 안 되는 것처럼.

그림자가 점점 길어진다. 반달이 뜬 발톱 위로 삽상한 바람이 훑고 지나간 자리에는 두둥실 환한 보름달이 얼 비춘다. 염원을 품고 첫눈을 기다리는 마음처럼.

송목

해토머리가 시작될 때쯤 소나무 이파리가 붉어진다. 기력을 잃은 이파리가 힘없이 떨어지고 그나마 남은 이파리도 앙칼지게 손을 찔러대며 버틴다. 커다란 옹기 위에 서 힘겹게 생명의 끈을 부여잡고 있는 소나무 분재이다. 해마다 삼월 삼짇날에 기력 회복과 영양을 위해 막걸리를 물에 타서 주는 소나무가 있다.

경북 청도의 운문사 사찰 내 반석처럼 넓게 처진 소나무이다. 소나무의 정기를 위해서 막걸리를 준다는데 혹여 회생하지 않을까? 소나무 분재에 물과 막걸리를 섞어준다. 고온다습이었을까 환풍 때문일까? 의문이 쌓이면서도 혹여나 막걸리로 푸른 기운을 차리지 않을까? 내심 기대한다. 기대와 달리 소나무 분재는 힘에 겨운 듯 이파리를 모두 떨어내고 앙상한 가지만 남긴 모습이 애잔하다.

 달포 후 끝내 회생하지 못하고 고사 된 소나무 분재이다. 그럼에도 구불구불 품어져 나오는 아우라. 그 자태에 미련이 남아 미적거리며 그대로 둔다. 풀 한 포기 뿌리내릴 수도 없을 정도로 흙이라곤 찾아보기 힘든 척박한 산 정상에서도 소나무는 뿌리를 내린다.

 고사 된 분재가 의아하다. 소나무 습성도 모르면서 키우는 것이 무리였나. 영원불변이라 고사하지 않을 거라 믿었건만 소나무에 대한 미련을 끊어버리지 못한다. 앙상한 잔가지가 위품 있게 남아있는 고사 된 소나무 본연의 품위를 잃지 않고 있으니 차마 치우지도 못한다.

 소나무는 우리나라 대표 나무 중 하나로 송목이라 불린다. 조선시대 왕의 어좌 뒤편에 놓았던 병풍 '일월오봉도'를 보면 해와 달 그리고 다섯 개의 산과 소나무가 그려져 있다. 해는 왕을 달은 왕비를 상징하며 다섯 개의 산은 만물을 생성한다는 오행을 표현한다. 또한 소나무는 오래 사는 영원함을 의미한다.

　그 시대의 임금은 단명하거나 일찍 세상을 뜬 임금이 많았기에 염원을 병풍에 담아 그렸으리라. 해와 달은 영원히 뜨고 지며 장수를 상징한 소나무 임금의 삶을 반영하여 그려 넣어 소원했으랴. 송백지조 같은 덕목으로 군주의 기개와 지조 있는 태도로 변함없는 마음을 십장생 중 소나무를 병풍에 표현한다.

　꿈에 푸른 소나무를 보면 재물을 상징하는 것이요, 죽은 소나무는 사업이 회복된다고 한다. 소나무와 동물이 함께 보이면 태몽이며 소나무와 해바라기꽃이 보이면 애정의 새로운 시작이다. 죽은 소나무조차도 사업이 회복된다고 여겼으니, 부정보다 긍정적인 소나무이다. 아기가 탄생하면 선인은 금줄에 숯, 고추, 솔가지를 달아 신성한 곳을 알리며 삿된 기운을 막는다. 이렇듯 소나무는 탄생의 기쁨으로 시작으로 인간의 삶에 큰 영향을 미치며 동고동락한다.

　소나무를 생각하면 소를 키웠던 시아버지 생각에 머문다. 까치밥으로 남긴 감이 대롱대롱 매달린 초겨울이면 간벌이 시작된다. 그때 소처럼 우직한 시아버지는 땔감 준비로 산을 오른다. 해가 질 녘에야 지게 가득 짊어진 잡목 위엔 생솔가지와 관솔, 솔방울을 그득 짊어지고 물미장에 장단 맞추며 내려오신다. 부엌 한쪽에는 겨우내 거둔 불쏘시개용 관솔이나 솔방울이 대나무 망태기에 넘친다.

　자식보다 소를 더 아끼셨던 시아버지이다. 생솔가지를 묶어 소등을 쓸어줄 때면 서로 교감을 하는 듯 황소는 커다란 눈을 껌벅 껌벅인다. 사랑채 커다란 무쇠솥에 관솔로 불을 지펴 잘게 썬 짚과 마른풀을 섞어 소여물을 끓이는 냄새가 진동한다. 소죽을 한소끔 끓이고 나면 등겨를 한 바가지 넣고 소죽 막대기로 끓어오른 소죽을 잘 뒤집어주고 익을 때까지 뜸을 들인다. 그때 시아버지는 아궁이에 남아있는 장작 숯불에 모처럼 온 며느리와 손주에게 가래떡을 구워주시는 것이 큰 낙이다. 노구의 몸으로 숯불 위에 흰떡을 뒤적이며 입가에 흐뭇한 미소를 띠셨으니, 시아버지의 사랑과 행복이 손끝에 묻어난다.

　소나무는 연모다. 늙어도 늙지 않고, 푸르름을 잃지 않는 저 소나무 굳은 의지로 꿋꿋하게 제자리를 지키고 있는데 소리 없이 세월은 달려간다. 고인이 되신 시아버지 이제 더 이상 쇠죽을 끓일 무쇠솥도 워낭을 흔들며 커다란 눈을 껌벅이던 소도 없다. 외양간도 여물을 쌓아두었던 헛간도 허물어지고 집터에 높다란 양옥집이 번듯하게 신축되어 추억만이 맴돈다.

　동산을 오른다. 벌목한 소나무들이 쌓여 있는 걸 보면 땔감을 짊어지고 내려오시던 시아버지 모습이 얼 비추니 애잔하다. 백성에게 땔감으로 어좌 뒤 병풍엔 장수를 의미한다.

　우리 삶 깊숙이 스며든 소나무이다. 먼발치 동산 언덕배기에 긴 가지를 축 늘어뜨린 체 위엄 있게 서 있는 소나무. 한참 넋을 놓고 바라보는 등 뒤로 따스한 바람이 인다. 그날 저녁 겨우내 한쪽으로 밀쳐져 있는 소나무 분재를 끄집어낸다. 검붉은 앙상한 가지만 남아있는 분재를 치우는 마음이 시원섭섭하다.

제 4부

겨울 그리고 설레임

거리는 한없이 고요해지고
세상은 서서히 흰빛으로 잠긴다.
겨울은 굳게 닫힌 차가운 창문처럼
마음도 꼭꼭 다잡게 하는 계절이라지만
나에게는 새로운 시작의 계절이다.
찬바람이 옷깃을 파고드는 날이면
마음 한구석이 간질거리며 애가 탄다.
그건 단지 추위 때문만이 아니리라
커피잔 속 하얀 김이 피어오르듯
겨울이면 마음 한구석에 설렌다.
그건 새로운 희망의
가벼운 떨림이 일기 때문이리라.

여자이고 싶다

토끼풀

금이 간 항아리

욕망의 사다리

점빵 할매

내 마음에 표정의 꽃씨를 심었다

문화, 삶을 담은 그릇이다

굳어버린 물감

여자이고 싶다

 향기에 이끌린다. 봄 처녀를 유혹하려는 듯한 진한 꽃향기를 따라간다. 고개를 젖히고 하늘을 보자 주렁주렁 복주머니가 가득 달려 있다. 외씨버선을 닮은 듯 복주머니를 닮은 듯한 아까시나무꽃이 하늘에 꽃밭을 일군다. 꽃망울들은 금방이라도 터질세라 주둥이가 탱탱하다. 순박한 시골 아낙처럼 수수한 아까시나무꽃은 달콤한 향기로 벌을 유혹한다. 다가서면 저항하는 양 가시를 세워 콕콕 앙칼지게 찔러댄다. 봄이면 아까시나무꽃을 따 먹고 찔레 순도 꺾어 먹던 기억이 생생하다. 추억을 아름아름 그리며 만개한 아까시나무꽃을 한입 오물거리자, 입안에 봄이 터진다.

 나른하게 졸고 있는 오후 햇살을 머리에 이고 회상에 잠긴다. 딸 넷으로 딸 부잣집인 우린 화장하는 엄마 턱밑에서 루주를 바르고 눈썹도 그리며 화장을 따라 한다. 눈썰미가 좋은 나는 몰래 루주를 발라 어설프게 어른 흉내를 내며 때때로 멋을 내곤 한다. 아까시나무꽃이 한창일 때 마을 형제자매가 전교생인 시골 초등학교는 잔칫날이다.

 학생과 주민 모두 한마당 축제이다. 어린이날과 어버이날 그리고 스승의 날을 통합한 잔칫날이다. 그날 나는 어머니 루주를 몰래 바르고 한껏 치장하여 새침한 여자로 변신한다. 어린이보다 여자이고 싶은 내 마음은 풍선처럼 떠 올라 하늘을 난다.

 참빗으로 정갈하게 머리를 빗은 어머니가 곱다. 가슴에 꼬깃꼬깃 색종이로 만든 카네이션을 달아드리며 축제가 시작된다. 눈물을 찍어내며 '부모님 은혜'를 부를 때는 훌쩍거리는 소리가 메아리친다.

 하얀 구름은 잔가지 끝에 걸려 너울거리고 푸른 소나무는 바람이 불 때면 화답하듯 온몸을 부르르 떤다. 운동장에 노랗게 분칠한 송홧가루가 뿌옇게 흩날리면 헛손질해 대며 가루를 잡으러 숨차게 뛰어다닌다. 폴짝폴짝 뛸 때면 꽃무늬 팬티가 살짝살짝 보이고 봄도 따라 달린다. 울타리에 늘어진 꽃마다 분탕질하는 화적 떼 같은 꿀벌도 신바람이 났다. 덕분에 진종일 풍기는 꽃향기는 한마당 축제를 더욱더 고조시킨다.

플라타너스 아래는 아침부터 분주하다. 달그락거리는 솥단지에 윤기 잘잘 흐르는 밥과 그 옆에 뽀얀 김을 내뿜으며 국이 펄펄 끓는다. 한편에는 입맛을 돋우는 지짐이가 곱게 화장한 엄마 손끝에서 노릇노릇하게 이리저리 뒤집히며 식욕을 자극한다.

한바탕 함성을 치며 시합을 마친 우리는 누가 먼저랄 것도 없이 나무 그늘로 달려간다. 봄나물로 푸짐하게 차려진 너른 자리에 선생님은 물론 온 마을 사람들이 빙 둘러앉아 숟가락 부딪치며 성찬을 즐긴다. 이렇게 아름다운 추억을 간직한 베이비 붐 세대들, 가슴에 품고 있던 기억 끄트머리의 추억이다.

오월이면 방송매체마다 동요가 한참이다. 어느 날, TV에서 청아하고 맑은 음색으로 미끄러지듯 흘러나오는 간디학교 교가는 잔잔한 내 가슴에 파문이 인다.

꿈꾸지 않으면 사는 게 아니라고/ 별 헤는 맘으로 없는 길 가

러네/ 사랑하지 않으면 사는 게 아니라고/ 설레는 마음으로 낯
선 길 가려 하네.

- 간디학교의 교가 중에서

한참 동안 자리를 뜨지 못한다. 우두커니 서서 음미한 교가를 낮은 목소리로 읊조린다. '꿈꾸지 않으면 사는 게 아니라고' 내 나이 세 번째 스물을 맞이하고 있는데 꿈꾸지 않으면 사는 게 아니라니, 어쩌란 말인가. 조급한 마음으로 새해에 설계한 버킷리스트 목록을 차근차근 훑어본다.

긴 한숨이 터져 나온다. 매년 계획만 거창했는데 진행되고 있는 것이 없다. 그저 살던 대로 살면서 안일하고 편안한 밋밋한 삶이리라. 예나 지금이나 별반 다를 게 없는 일상이 흘러간다. 누구의 엄마와 아내 그리고 며느리가 전부인 내 삶에 나의 모습은 보이지 않는다.

어느덧 세월은 저만치 달려간다. 여리여리한 여자이기보다는 평퍼짐한 아줌마로 변한 내 모습이다. 제자리걸음 하는 것 같아 초조하고 편치 않다. 이참 나만을 위한 시간을 뚝 떼어 생명력이 강한 마음의 씨앗 하나를 심는다. 입던 옷을 훌훌 벗어 놓듯 조금 더디더라도 계획했던 목록을 찬찬히 살펴본다. 손끝

에 와 있는 세 번째 스물, 여느 광고처럼 나이는 숫자에 불과하리라. 시작이 반이라고 그간 소망했던 악기 배우기 프로그램에 등록했으니 이만하면 반은 성공한 셈 아닌가.

 입회 원서를 품에 안는다. 봄바람과 여름비는 만물을 생장하고 가을 서리와 겨울눈은 만물을 성숙하게 한다. 등록만으로도 성장촉진제처럼 밑거름이 된 이 순간이 최고의 시간이다. 출세와 이익을 위한 명예와 욕심 그리고 권력 때문에 모두가 괴로워한다. 다 벗어놓고 탐욕 없는 홀가분한 마음, 아까시나무꽃의 희디흰 꽃처럼 싱그럽고 넉넉한 나날을 기대해 본다.

 엄마, 아내의 삶을 내려놓는다. 농익은 내면이 아름다운 여자로 변신을 시도하는 떨리는 가슴을 부여잡는다. 바구니 가득 따온 아까시나무꽃, 하늘에 걸렸던 꽃밭이 집안에 넘실댄다. 이 순간 '꿈꾸지 않으면 사는 게 아니라고'처럼 중년 여인의 삶에서 탈출하여 나의 이름을 찾으리라.

 당당하게 도전하는 엄마가 아닌 여자가 되고 싶다.

토끼풀

 잡초가 무성하다. 온기 잃은 양옥집을 기웃기웃 엿본다. 대문도 없는 빈집은 어림잡아 봐도 오래도록 비워둔 듯 찬 기운이 돈다. 잡초로 가득한 마당에는 토끼풀이 만발이다. 이따금 불어오는 실바람에 토끼풀 꽃향기가 은은하게 퍼진다. 땀은 목선을 타고 가슴까지 흘러내린다. 가뭄에 일부러 기른 듯 토끼풀이 마당에 빼곡하다. 토끼풀은 바닥의 디딤돌조차도 모두 삼켜 버릴 기세이다. 꿀벌도 날갯짓하며 쉼 없이 꽃마다 꿀을 따느라 분탕질이다. 호랑이가 없는 산골에 토끼가 스승이랴. 빈집에 토끼풀과 벌들이 떡하니 안방을 차지한 모양새이다.

꿀벌을 만나다니 반갑다. 어릴 적 화단에 만발한 샐비어꽃 수술을 따 꿀을 빨아 먹던 기억으로 벌을 향해 발걸음을 뗀다. 그 시절에는 벌과 함께 샐비어꽃 수술을 먼저 차지하려는 듯 달려가곤 했다. 이제는 벌이 귀한 몸이다. 세계 곳곳에서 벌이 사라진다고 걱정이다. 벌의 개체 수 감소는 인류의 위기가 될 가능성이 높다고 한다. 벌이 이상 고온으로 폐사한다는데 토끼풀꽃에서 꿀을 따는 많은 벌을 바라보니 그나마 안심이다.

 벌은 단순히 꿀을 채취하기보다 모든 식물에서 꽃가루를 옮겨 수정하여 열매를 맺게 한다. 우리 삶에 꿀을 주는 것보다 수분은 인류에 미치는 영향이 다양하다. 꿀벌의 행위는 식물의 번식과 생태계 균형 유지에 중요한 발걸음이란다. 최첨단 시대에 이 작은 "벌이 사라진다면 인류는 심각한 위기를 겪을 수 있다."라고 과학자들은 말한다.

 세계는 곤충의 부재로 생태계가 붕괴할까 봐 대체 기술로 로봇 벌을 이용한 해결책을 강구하고 있다. 지구 생태계와 인간의 삶의 평형을 이루는 데 벌이 점점 줄어들어 농부가 붓으로 꽃마다 수정시키는 딜레마에 빠진다. 꽃 무리가 있으면 벌이 있는 것이 당연한 일인데, 당연한 일을 걱정하는 현실이 아이러니하다.

꿀벌과 토끼풀 이파리를 번갈아 본다. 톺아보니 초록 물을 뿌려놓은 것 같은 이파리 중간에 둥그런 하얀 띠 모양이 선명하다. 그리스 신화에 의하면 꿀벌이 제우스 신에게 간청한다. "신이시여, 독이 있는 풀들이 너무 많아 좋은 꿀이 있는 꽃을 찾기가 힘듭니다. 독이 없는 꽃을 쉽게 찾을 수 있게 해 주소서."라고 꿀벌의 청을 고민한 신은 흰 물감으로 독이 없는 꽃에 동그라미를 표시하여 쉽게 구분하게 한다. 신이 그린 둥그런 모양의 이파리가 바로 토끼풀이다. 하얀 토끼풀의 꽃은 장미처럼 화려하진 않아도 풀꽃처럼 온유하다.

마당에 하얀 토끼풀꽃이 만발이다. 곳곳에 자연의 소박한 세월의 흔적이 오롯이 묻어난다. 연신 꽃봉오리 터지는 소리가 들릴 것 같아 귀 기울여본다. 벌들의 날갯짓 소리와 꽃들의 속삭이는 선율이 하모니를 이룬다. 분진이 내려앉은 디딤돌을 양손으로 세월을 털어내고 그 위에 앉는다.

행운의 네 잎 이파리를 찾을 요량으로 토끼풀을 뒤적이는데 벌도 옆에서 한몫한다. 행운의 이파리처럼 꿀벌도 신이 내려주신 행운인지도 모른다. 원초적 본능처럼 수분으로 식물을 번식하니, 신이 내린 선물이리라. 하트 모양인 듯한 무늬의 행운을 주는 이파리를 찾고 또 찾는다.

벌이 꿀을 탐색하듯 네 잎 이파리를 찾는다. 이글거리는 태양을 머리에 이고 벌은 꿀을 찾고 나는 네 잎 이파리를 찾으려 천연덕스럽게 뒤적인다. 한참 동안 이파리를 들추다 내 모습에 놀란다. 네 잎 이파리의 꽃말은 '행운'이다. 한 잎은 '희망'이요 두 잎은 '믿음'이며 세 잎은 '행복'이란다.

세 잎 클로버의 꽃말은 모두가 소망하는 '행복'이다. 행운을 찾으려 세 잎 이파리인 행복을 발로 꾹꾹 밟고 있는 우둔함이라니. 이파리를 헤치며 행운이 무엇이라고 행복 속에서 행운을 찾으려는 행동이 겸연쩍어 옆에서 묵묵히 손길을 멈추지 않는 벌들을 본다.

꿀벌이 없으면 인간도 없단다. 벌이 사라지는 걸 막는 대안이 진정 없으려나. 생태계가 무너지는 신호탄이 무섭게 노려보는 듯하다. 아인슈타인은 벌이 사라지면 수년 내 인간이 사라진다고 경고했던가. 성경에서는 가나안 땅을 젖과 꿀이 흐르는 땅으로 언급하며 꿀을 생명의 근원으로 언급한다.

아무것도 하지 않으면 아무 일도 일어나지 않는 법이다. 끈질긴 생명력으로 가진 붉은토끼풀로 척박한 땅을 옥토로 만드는 놀라운 능력이 있다. 붉은토끼풀은 뿌리에 공생하는 리조비움이라는 박테리아와 함께 질소를 고정하여 식물에 필요한 양분을 제공한다. 토끼풀은 회복의 상징으로 건강한 생태계에 이바지하니 환경보호에 큰 몫이 되리라. 잡초라 여기는 붉은토끼풀이 자연의 힘과 지혜를 주는 듯하다. 붉은토끼풀이 지력을 높이는 작물로 활용하니 이 또한, 행복이리라.

　행복의 세 이파리 사이로 바람이 길을 연다. 너무 가까이에 있어 눈에 보이지 않던 행복을 짐짓 계면쩍은 마음으로 토끼풀꽃을 한아름 꺾는다. 꽃은 사람의 마음을 평온하게 해 주고 긴장을 풀어준다. 예전의 기억을 더듬으며 한 송이 한 송이 꼭꼭 엮어 꽃목걸이도 만들고 꽃팔찌와 꽃반지도 만든다. 가운뎃손가락에서 소복하게 피어난 꽃반지는 아이처럼 마냥 설레고 달뜬다. 금이 아니면 어떻고 다이아몬드가 아니면 어떠하리. 오늘만큼은 다이아몬드보다도 훨씬 더 화사하고 아름다운 꽃반지가 돋보인다.

　행운이라 일컫는 네 잎을 찾기가 쉽지만은 않다. 행운은 복권 당첨처럼 그리 쉽게 오지는 않으리라. 나약한 사람들은 먼 곳에 있는 행운을 잡으려 손끝에 있는 행복을 짓밟는다. 어리석고 아둔함을 알면서도 행운을 잡으려 모른 채 외면하고 있는 건 아닐는지.

　행운과 행복은 씨실과 날실처럼 촘촘하게 엮여 있으리라. 수많은 행복에서 행운을 찾던 내 모습이 부끄러워 숨 한차례 고르고 자리를 털고 일어난다. 가뭄 속에 이리도 많은 꽃을 피워 올렸으니 꽃 중의 꽃이리라. 토끼풀꽃처럼 거스를 수 없는 자연이 주는 섭리와 지혜를 깨닫고 순응하며 삶을 조율하리라. 과학이 아무리 발전해도 섭슬리지 않고 자연의 목소리를 듣는 여유를 부리자. 남의 행복을 탐하는 아둔함보다 나의 행복으로 자라는 텃밭을 가꾸리라.

 붉은 토끼풀은 잡초라 여겨도 크게 자신을 드러내지 않으면서 땅을 살리며 주변을 푸르게 물들인다. 자신을 태우지 않으면서도 타인을 따뜻하게 비추는 등불같이 스스로 뿌리를 내리며 작은 배려로 세상을 덮는다.

 지혜를 품은 붉은 토끼풀이다. 자연의 순환을 도우며 자신을 내어주듯 세상의 토양에 작은 선함을 뿌리내린다. 나도 타인의 성장을 응원하는 자양분으로 이 땅의 지력을 키우는 붉은 토끼풀을 닮으리라. 창문을 열면 맑은 공기가 흐르고 마음의 창을 열면 행운이 가득 들어온단다. 화선지에 물이 번지듯 마음에 네 잎 이파리의 행운이 따스하게 번지는 날이다.

금이 간 항아리

　흔들리는 발자국이다. 지팡이에 의존하는 아버지의 발자국은 분주하지만, 다리가 흔들린다. 돌이켜보니 딸을 홀대한다고 여겼는데 외려 엄하게 키우고자 외면했던 것이리라. 남아선호사상이 우세했던 과거에 여자가 사회생활에서 굽힘이 없이 굳세게 자리 잡으려면 어릴 적부터 남다른 의지가 있어야만 했으리라. 아버지 덕분에 사막에서 꽃을 피울 만큼 강하고 재주 많은 딸로 변모한다. '귀한 자식일수록 회초리를 들라'라는 말씀처럼 강하게 키웠으리라. 가을이 지나가는 자리에 머리가 허연 나이가 되어보니 철이 드나 보다.

아버지는 가부장적이다. 딸이 넷이나 되는 우리 집은 언제나 아들이 우선이다. 일상생활뿐만 아니라 학업은 물론 모든 것이 '아들, 아들'이다. 딸들도 어여쁠 텐데 장남이 무조건 우선이며 최고이다. 당신은 옆도 뒤도 보이지 않고 오로지 눈앞의 보물 같은 장남만 보인다. 매사에 장남이 우선이니 서운한 마음은 가시지 않는다.

딸들은 늘 채워지지 않는 물독 같은 신세이다. 남아선호사상으로 홀대받은 나는 아들만 살뜰하게 챙기는 아버지가 야속하여 멀리한다. 장녀는 장녀라서 어여쁘고, 셋째 딸은 선도 보지 않을 만큼 어여쁘다는 명분으로, 막내딸은 막내여서 귀여움을 독차지한다. 둘째 딸인 나는 샌드위치처럼 중간에 끼인 채 이리저리 밀치는 신세이다. 나는 사랑과 관심받으려 집안일과 동생 돌보기를 자청한다.

나를 두고 일찍 철이 든 애어른 같단다. 모두가 뛰어놀기에 열중이지만 막내 돌보는 일과 농사일로 바쁜 부모님 새참 준비까지 스스로 한다. 정성스레 챙기는 끈기와 의지가 돋보였나 보다. 운명인 듯 숙명인 듯 성인이 되어서는 자연스레 동생 돌봄까지 도맡는다.

아버지에게는 바라보기도 아까운 장남이다. 아들이 뭔지! 아버지의 편애로 딸들은 자립심이 강하게 자란다. <u>스스로 개척하는 딸들은 동화책 '금이 간 항아리'의 주인공과 흡사하다.</u>

  이 이야기는 우물에서 물을 길어다 먹던 시절이다. 남자는 지게 양쪽에 항아리를 매고 물을 나른다. 오른쪽의 멀쩡한 항아리와 금이 간 왼쪽 항아리이다. 물을 가득 채우고 집으로 돌아오지만, 왼쪽 금이 간 항아리는 물을 가득 채워도 집에 도착하면 언제나 반쯤이다. 반면 오른쪽 항아리는 늘 찰랑찰랑 물이 가득한 부족함이 없는 장남의 모습이다. 금이 간 항아리는 둘째 딸인 나의 모습과 비슷하다. 둘째 딸로 태어나 최선을 다하지만, 아버지 사랑에 늘 목마르다.

  금이 간 항아리는 나처럼 고민한다. 죄스럽고 미안한 마음에 새 항아리로 교체하기를 주인에게 요청한다. 내가 집안일과 동생을 돌보듯 물을 가득 채워 주인에게 사랑받고 싶었으리라. 주인은 너털웃음을 지으며 '나도 네가 금이 간 항아리로 물을 제대로 채우지 못한다는 사실을 안단다. 그러나 지나온 길을 보거라. 네가 물을 주고 온 덕분에 꽃과 풀이 무성하게 자라지 않았느냐.'라는 대답이다.

  무거운 마음으로 지나온 길을 바라보니 물을 흘리지 않은 길섶에는 황무지처럼 먼지가 풀풀 날린다. 반면 흘린 물로 꽃과

풀이 무성하게 자란 길섶은 아름답게 길이 펼쳐진다. 한 번에 채우지 못해 신역이 고되게 두 번을 다녀와야만 채워지지만, 길을 걷는 사람들은 웃음꽃이 만발한다. 금이 간 항아리 덕분에 무성하게 자란 꽃과 들풀이 핀 것이 모두의 행복이리라. 눈앞의 편리함과 완벽함보다는 부족함이 오히려 노력으로 성공할 수 있는 슬기로운 무언의 메시지이다.

우리 집 장남은 늘 풍족하여 웃음꽃이 핀다. 구전에 의하면 아들을 낳으면 비단 이불 위에서 놀게 하고, 딸이면 맨바닥에서 놀게 했다고 한다. 비단 이불에서 놀 만큼 귀한 아들은 사랑으로 가득 채워진 보물 항아리 같다. 딸들은 금이 간 것 같은 항아리로 물이 줄줄 새어 좀처럼 채워지지 않는 삶의 연속이다.

세상은 공평하다. 밑 빠진 독에 물 붓기 같은 삶인 줄 알았건만, 딸들은 매사에 강한 사람으로 변모한다. 어떤 어려움에도 굴하지 않고 억척스럽게 살다 보니 초로의 나이를 지난 딸들은 꿋꿋하고 만사에 흔들리지 않는다.

아버지의 깊은 속내가 아리게 파고든다. 금이 간 항아리로 물동이를 채우려 우물가를 수없이 오가야만 한다. 무거운 물동이로 어깨가 내려앉고 지게를 움켜잡은 손가락에 물집이 생겨도 고통을 인내하며 긍정적 의미를 찾았으리라. 그때는 그리도 슬프고 서러웠는데 아픈 만큼 성숙했나 보다. 미완성을 완성으로 만들기 위해 다듬고 보듬고 했던 지난날이다.

　이 가을날, 성숙하고 찬란한 희망이 덧칠된다. 오후 햇빛이 안온하게 내리비치고 바람은 더없이 부드럽다. 자식은 부모 가슴속에 들어앉은 돌덩이란다. 이제야 기나긴 삶의 여정 속에 마음이 동한다. 찰랑거리는 물동이에도 책갈피 속에 꾹꾹 눌린 누름 꽃처럼 희망이 화사하게 피어나리라.

욕망의 사다리

동산의 정상이다. 나무는 가만히 있으려 해도 바람이 흔든다더니 능선을 타고 올라온 바람은 매몰차게 온산을 흔들어 댄다. 노거수는 당당하다. 외려 더욱더 굳세게 버티고 있는 것 같다. 칼바람이 휘몰아치며 서글픈 속울음을 토해내듯 윙윙 울어대는 바람 소리는 절로 움츠러들게 한다. 이 모습은 피라미드형 사회구조와 흡사하다. 피라미드 구조의 사회적 서열처럼 정상에서 당당하게 꽉 움켜잡고 있는 웅장한 노거수이다.

노거수를 보러 가는 산행은 언제나 새롭다. 서걱서걱 따라오는 경쾌한 리듬 코끝이 찡하다. 매운바람에도 아랑곳하지 않고

리듬에 맞춰 묵묵히 오른다. 산허리에 누르스름하게 빛바랜 낙엽이 수북하게 쌓여 있는 길섶이다. 길섶은 봉두난발이다. 어디가 등산로인지 분간하기도 어렵다. 연신 웅덩이에 헛발을 내딛는 것이 마치 굴곡진 인생길 같다. 경쟁하는 것도 아니건만 정상에 오르고자 바삐 서두르는 모습이 우습다. 정상 정복이 최선인 듯 숨을 거칠게 몰아쉬며 정신없이 경쟁하듯 쉼 없이 오르는지 아이러니하다. 유유자적 경치를 감상하며 천천히 오르면 좋으련만 앞만 보고 산행하는 고쳐지지 않는 내 습관이 때때로 고루하다.

 고쳐지질 않는 몸에 밴 습관이 난감한 때도 있다. 청년 시절, 사회 초년생으로 거미줄처럼 얽히고설킨 사회생활은 만만치 않았다. 우왕좌왕 마음마저 곤궁했던 시절, 무조건 선입 지시에 응한다. 성실한 사명감으로 수많은 고충도 속으로만 삭이며 고군분투 회사 생활에 열정을 불태운다.

 어느덧 지독한 일벌레로 낙인된다. 집안일은 뒷전이고 항시 회사가 우선순위이다. 때로는 자신의 의지와 상관없이 회사 생활에 매진하느라 맥이 빠져도 궁핍한 변명 한번 하지 않는다. 삶의 목적이 예상 밖으로 경로를 이탈해도 경쟁사회의 책임과 욕망의 사다리는 지치지 않는다.

누구나 마음속에 욕망의 사다리 하나쯤 세워두고 있으리라. 자연계 약육강식의 먹이사슬처럼 피라미드형 상층을 향해 달리고 달린다. 어느덧 정상의 자리를 거머쥐며 우뚝 서게 된다.

최고의 자리면 만족할까. 피라미드형 상단 부분에서 안정된 생활로 성취한 삶을 추구했건만 현실은 냉정하다. 높이 올라갈수록 외롭고 고독한 자리로, 성공은 하였으나 홀로 있는 듯 외롭고 쓸쓸하다. 나뭇가지 끝처럼 맨 꼭대기 자리는 밑에서 흔들고, 밀고, 당기면서 안정 잡기가 힘들다. 그럴수록 모루처럼 따가운 눈초리와 매질에도 무던히 견딘다. 그렇게 열심히 살아온 죄밖에 없었음에도 더 이상 욕망의 사다리는 올라갈 수가 없어 정년이 코 앞이다.

공허한 삶의 연속이다. 정년을 제2의 삶이라고 말들 하지만, 현실은 그렇지만 않아 보인다. 주변 지인들을 보면 퇴직 후 빈집에 홀로 있는 듯 더 외롭다고 한다. 오로지 회사를 위해서 가치관, 철학, 취미, 사색은 사치라 여기며 걸어온 길이다. 자신이 지나온 욕망의 사다리를 벗어놓고 보니 나무작대기에 옷만 걸쳐놓은 허수아비 같단다. 속이 텅 빈 껍데기만 있는 허수아비처럼 본인의 삶보다는 회사를 우선한 삶을 사는 것이 대부분이랴. 나라고 별반 다르지 않다. 변변한 취미도 특기도 없는 일벌레에 불과했던 부질없는 현실에 한숨짓는다. 마음이 궁핍하면 모든 것이 낯설고 어두워 보인다.

그러던 어느 날, 조용히 사다리 아래에 선다. 정년이라는 이름의 문 앞에서 손에 쥔 것보다 내려놓은 것이 더 많다는 걸 느낀다. 세상은 여전히 돌아가지만, 자신은 그 회전에서 살짝 물러난 사람이라는 걸. 허전함이 밀려왔지만, 그 허전함 속에 처음으로 '평화'가 있다. 욕망을 벗어놓으니, 마음이 가벼워졌다. 시간은 여유롭고, 새의 울음소리 하나에도 귀가 열린다. 누구를 위하여 자나 깨나 욕망의 사다리만 쳐다보며 지냈는지 이제는 조금씩 아주 조금씩 삶의 허물을 벗는다.

나한의 모습처럼 자연과 사람을 품는다. 내려놓으면 편하다는 이 말을 터득하기에 오랜 시간이 걸렸다. 더 이상 오르지 않고 이제는 내려놓는 법을 배우는 중이다. 그 사다리의 끝이 어쩌면, 비로소 자신에게 돌아오는 길임을 늦게야 깨닫는다.

점방 할매

　도시는 밤낮없이 분주하다. 네온사인의 휘황한 중심가와 도심의 뒷골목은 상반된 풍경이다. 해가 뉘엿뉘엿 꼬리를 길게 늘이는 골목은 세월이 멈춘 듯 고요하다. 마치 과거로 돌아간 듯하다. 그곳에는 오랜 세월 골목을 지키는 점방 할머니가 있다. 골목에서는 할머니를 두고 점방 할매라 부른다. 할매는 조그마한 가게를 운영 중이다. 번듯한 간판도 네온사인도 없다. 가게 입구에 아주 오래전 걸어둔 퇴색된 나무로 된 벽걸이 간판이 전부이다.
　대형 점포가 우후죽순 늘어나는 것이 현실이다. 다양한 상품과 쇼핑의 편리성과 저렴한 가격을 갖춘 대형 점포는 고객 만족이다. 대형 점포라는 거대한 산에 가로막혀 소형점포는 숨이 막히도록 갑갑하고 경영난에 시달린다. 할매의 점방도 예외는 아니지만, 할매의 경영 철학은 모두의 예상을 뛰어넘는다.

대형 매점과 24시 편의점 그리고 무인 점포가 고객 편리를 위해 진종일 운영되는 것이 현실이다. 빛처럼 빠른 세상이지만, 할매는 아침 여섯 시에 문을 열고 오전 아홉 시면 점포 문을 닫는다. 브레이크타임처럼 또 오후 네 시에 문을 열고, 밤 아홉 시이면 마감이다. 진종일 영업해도 시원찮을 텐데 할머니의 경영방침은 완고하다. 제아무리 급한 고객이 문을 두드려도 실내에 있으면서도 절대로 열어주지 않는다.

그렇게 긴 시간이 흘러 단골은 영업시간이 각인되고 손님들은 시간을 맞춰 물건을 구매하러 온다. 덕분에 할매는 영업시간 외 자신을 위한 시간을 자유롭게 여가선용한다. 사업이라는 굴레에서 벗어나 자유를 만끽하며 취미생활로 노년의 일과 여가를 즐기는 삶의 균형이다.

할매의 검은 머리가 은빛으로 물든 것처럼 덩달아 점방 나이도 한 살 한 살 더해진다. 반질반질한 손잡이와 오랜 세월 함께한 계산대, 책상과 물건들 그리고 진열대는 할매처럼 빛바랜 채 동행한다.

  IT 시대 바코드로 스캔하여 계산하는 것도 아니다. 그렇다고 전자 계산도 아니고 오로지 손때 묻은 손 계산기가 전부이다. 인정 많은 할매는 단골에게 언제나 덤으로 사탕 한 줌을 주머니에 넣어준다. 그 흔한 감시용 CCTV도 없고 할매가 계산이 굼뜨다 보니 약게 행동하고 손버릇이 나쁜 아이도 있단다. 할매는 모르는 척 더 친절하게 대하다 보면 어느 날부터 스스로 손버릇을 고친다고 한다. 이윤을 남기고자 운영하는 점포보다 할매는 당신의 삶을 판매하는 듯하다.

  할매의 점방은 이제 골목의 상징이다. 산전수전 다 겪은 할매가 고집스럽게 점방을 운영하는 것은 단 하가지 이유이다. 대화가 그리워서이다. 고급스럽고 화려한 매장을 두고 시간을 되돌려놓은 듯한 도심 한구석 할매의 점방은 마을의 간이역 같은 곳이다.

  이 노포를 찾는 단골 또한 할매와 똑같은 마음이 동한 것이랴. 고향 같은 어머니의 품속처럼 포근함 덕분에 이것저것 마다하지 않고 찾는 것이리라. 행여나 문이 닫히는 날이면, 서로서로 안부를 확인하고 염려해 준다. 상품 가격이 중요치 않다. 오며 가며 정이 들고 사람 냄새나는 이곳, 점방만의 특유의 향기가 있기 때문이다.

  나이를 먹는다는 것은 물과 불을 가릴 줄 아는 것이랴. 이해와 관용의 폭이 넓어지고 배려와 사랑을 나눌 줄 아는 것이다. 할매는 때때로 굽이굽이 살아온 삶의 흔적을 풀어 놓는다. 잔잔한 호수에 돌팔매로 파문이 일던 일 그리고 태풍이 휘몰아치며 지난하던 삶의 여정이 아리게 파고든다. 우리는 턱 괴고 이야기 속으로 빨려 들어가 시간을 잊는다. 학교에서 지식을 배우고, 부모에게 지혜를 배우고, 사회생활에서 공공질서와 경험 그리고 삶을 배운다고 한다.

  할매는 굳이 가르치려 하지 않아도 특유의 농익은 사람의 향기를 전한다. 세상에서 가장 소중한 것은 '황금, 소금 그리고 지금'이라는 유행어다. 비록 도심의 골목에서 간판도 없는 점방을 운영하지만, 할매는 지금 더 없이 만족한 시간을 보내는 중이다.

  "웃으면 복이 온다."라고 한다. 화려하지 않아도 조금 부족해 보여도 진솔한 삶의 향기가 있다면, 그보다 더 좋은 순 없다. 대형 점포가 수없이 많아도 점방 문을 두드리며 낡은 미닫이를 열고 들어오는 사람들, 그들이 찾는 이유는 진정한 웃음과 여유 때문이리라.

나의 행복을 위해서는 욕심부리지 않고 맞추고 노력해야 한다. 모두를 위해서 무엇이 좋은지 고민해야 한다. 손끝에 있는 행복을 놓치지 않으려면 계산적인 삶보다 진솔한 추억과 믿음이어야 하리라. 불빛마저 희미해지고 어둠이 내리는 골목 언저리, 희망과 환희를 품은 할매의 향기가 사붓사붓 내려앉는다.

내 마음에 표정의 꽃씨를 심었다

눈길이다. 봄 햇살이 한창인데 녹지 않는 눈이 길섶에 수북하다. 산자락에 줄지어 피어난 찔레의 꽃잎이다. 꽃잎이 흩날리며 눈밭을 만든 풍경이 시선을 빼앗는다. 바람에 일렁이며 흰 물결을 이루는 찔레꽃이 장관이다. 외형은 저리도 작고 수수한데 강렬하면서도 진한 꽃향기가 매력적이다.

봄 햇살과 어우러져 향긋한 꽃내음을 선사하는 찔레꽃은 어디서 본 듯한 모양새이다. 꽃을 가만가만 들춰보니 하트모양처럼 생긴 꽃잎들이 쫙 펼쳐져 있는 것이 누군가를 닮은듯하다. 그 속에 다복한 꽃 수술, 화려하면서도 단아한 여인처럼 우아하게 표정 짓는다. 그 모양이 화사한 발레복을 입은 발레리나의 모습과 흡사하다.

　우아한 곡선의 발레리나를 상상한다. 찔레꽃잎처럼 활짝 펴진 발레복을 입고 토슈즈를 신은 발레리나의 춤 선이 선하다. 앞 발꿈치 하나로 온몸을 지탱하며 선을 그리는 동작, 고난도 회전은 물론 현란한 춤사위로 전개되는 발레는 몽환적이다. 바람결에 일렁이는 찔레꽃처럼 수많은 무용수가 한 몸처럼 움직이는 우아한 몸짓이다. 금방 날아오를 것처럼 발끝으로 온몸을 지탱하고 있으면서도 밝은 미소를 유지하고 있는 그 표정을 어찌 표현하리오.

　발레의 가장 아름다운 동작 [6]아라베스크Arabesque 자세를 유지하면서 표정 짓고 있는 발레의 마지막 완성은 화사한 찔레꽃 같은 무용수의 표정이리라. 일렁이는 꽃물결처럼 발레리나의 천금 같은 웃음을 머금고 일사불란한 군무에 넋을 놓는다.

　꽃향기에 취한 듯 입가에 미소가 사라지지 않는다. 이처럼 얼굴에 드러나는 갖가지의 마음속 심리와 감정의 모습을 담고 있는 것이 온갖 표정이랴. 어떤 이는 무릇 사람은 배우 기질이

6　한 다리로 몸을 지탱하고 다른 다리는 뒤로 완전히 뻗어 올리는 자세로 두 팔은 손끝에서 발끝까지 가능한 가장 우아하고 긴 선을 만드는 자세

있어야 한단다. 표정 관리를 잘해야 사회적으로 성공한단다. 아무 감정이 드러나지 않는 무표정은 성격이 무뚝뚝하고 차가운 사람으로 보이기 쉽다. 자칫 화난 사람으로 오해를 사거나 선뜻 다가가기를 꺼리기 때문이리라. 승부를 겨루는 운동선수의 표정에는 미소를 찾아보기 어렵지만 무용수는 표정으로 춤을 완성 시킨다.

표정은 자신의 표현이리라. 발레리나처럼 우아한 자태로 하늘을 향해 미소 짓고 있는 찔레꽃을 본다. 자신을 지키려는 듯 온몸에 가시를 달고 순수하면서도 곱고 온화한 청초함을 꿋꿋함이 엿보인다. 그윽한 향기를 품고 있는 찔레꽃은 마치 아름다움을 유지하고 있는 발레리나의 기품을 닮았다. 한참을 서서 손끝 발끝 동작으로 가냘프면서도 강한 꽃잎처럼 생동감 넘치는 발레 춤사위를 상상하며 찔레꽃을 어루만진다. 안온하다.

호두까기인형 발레 동영상을 본다. 무용수의 오묘하면서도 화사한 표정에 매료되어 보고 또 본다. 거울 속에 내 얼굴도 찬찬히 훑어본다. 설핏 보이는 미간의 희미한 두 줄의 주름이 거슬린다. 눈가에 자글거리는 잔주름 그간 인상을 쓰고 다닌 흔적이 역력하다.

공자는 "얼굴을 가꾸어라. 나이 사십이 되어서도 남의 미움을 받으면 그는 마지막이다."라고 말씀했고 "마흔을 넘긴 사람은 자기 얼굴에 책임을 져야 한다."라고 한 링컨 대통령의 어록도 있다.

  화장으로 가리려 애쓴다. 덧칠하면 할수록 점점 두터워지고 주름은 더 선명하게 보이는 걸 보면 삶에 따라 표정이 달라지는 것이 자명하리라.

  거울을 또 본다. 봄이 한창인데 나의 얼굴은 아직도 겨울에 머무는 듯 무표정이다. 미소를 만든다. 삶은 생각하는 대로 흘러가리라. 수줍게 봄을 알리는 찔레꽃, 넋을 잃고 아름다운 미소를 선사하는 봄 풍경 한 모금을 마신다. 그리고 내 마음에 향기 가득한 표정의 꽃씨 하나를 심는다. 그리고 나는 연습 중이다. 발레의 완성이 표정인 것처럼 화사한 찔레꽃의 밝은 미소가 내 모습이기를 기대하면서 거울 앞에서 난 웃고 또 웃어 본다.

문화, 삶을 담은 그릇이다

 노을이 짙어지는가 싶더니 이내 어둠이 내린다. 얼마 전까지만 해도 이불을 걷어찼는데 이젠 창문을 닫고 이불을 끌어 올리기 시작한다. 초록이 점점 엷어지는 길목, 초대장을 받고 사뭇 설렌다. 초대장은 언제 받아도 설레는 걸 보면 사춘기 소녀 같다. 그저 세월에 떠밀려 나이란 숫자를 하나, 하나 얹어 어쩌다 어른이 된 것 같다.
 행사 날이다. 발뒤꿈치를 깨물 것 같은 번쩍거리는 새 구두와 정장 원피스를 입고 거울 앞에 선다. 초대에 나설 채비를 하며 들떠있는 나, 초대장을 들고 나서는 발길이 가붓하다.

"문화는 삶을 담은 그릇이다."이란 한 줄의 슬로건이 담긴 리플릿은 잔잔한 가슴에 파동을 일으킨다. 문화 행사장으로 자분자분 들어가다 보니 괜스레 겸연쩍다.

문학을 한다시고 동분서주 뛰어다니다 보니 강산이 두 번이나 변한 세월이 흘렀다. 끝이 보이지 않는 평행선처럼 제자리걸음 같은 작문作文에 열중이었지만 미완성인 듯 허기진다. '옆집 잔디가 더 푸르러 보인다.'고 남의 글 농사는 늘 풍작이다. 나의 글 농사는 충분한 밑거름도 주지 않으며 간구하고 있는 내 모습이 부끄러워 어깻죽지를 접는다.

탈고한 창작품을 세상 밖으로 내놓을 때면 소심해진다. 기대와 염려로 처녀작處女作을 발표하는 것처럼 울렁증이 일어 머뭇거리기 일쑤이다. 공자 말씀처럼 "글로써 멀리 있는 사람과 연이 되고 서로 마음이 동한다."라면 무엇을 바라겠는가. 초대장에 눈을 떼지 못하고 욕심으로 가득한 마음을 잡는다. 수채화처럼 맑고 청아하게, 유채화처럼 짙은 감성을 쏟아내려 습작을 뒤적거리던 지난날의 내 모습이 초대장에 겹친다.

사부작사부작 적삼 벗는 듯한 소리가 행사장 이곳저곳에서 이어진다. 손끝에 침을 묻혀 리플릿을 넘기는 소리, 굳이 돌아보지 않아도 음률을 타는 소리는 예술의 혼을 부르는 소리 같다. 누군가는 예술은 사막의 신기루 같다고 했고, 문화가 없는 도시는 도시의 미래를 담보할 수 없다고도 한다.

　문화는 '삶을 담은 그릇'이라 했듯 가을이 오는 길목, 풍성한 수확을 기대하는 계절이다. 그리고 이듬해 씨앗을 준비하는 계절이기도 하다. 먼발치 들녘에 펼쳐진 풍성함에 배부르다. 풍작은 한 해의 마무리기도 하지만 또 다른 시작을 의미한다. 늘 창작을 갈구하는 예술인의 마중물처럼. 그래서 문인의 글은 언제나 외롭지만, 그 외로움 속에서 비로소 사람의 온기를 느끼리라. 그리하여 말로는 닿을 수 없는 곳에 조용조용 다다른다.

　나는 세상을 두 번 산다. 한 번은 현실 속에서, 또 한 번은 글 속에서 산다. 내가 펜을 드는 이유는 세상을 바꾸려는 욕심이 아니라, 자신을 마주하는 일이다. 말로는 다 풀 수 없는 감정, 설명되지 않는 순간을 언어로 붙잡아 두려는 몸짓이다. 말하지 못한 사랑과 용서를 언어로 남기며 '전달'이 아니라 '고백'으로써 타인의 마음까지도 비치는 미약한 불씨로 다가서리라.

굳어버린 물감

함을 되작인다. 빛바랜 소품이 속절없이 흐른 시간처럼 누워 있다. 줄이 풀린 악기와 미완성의 그림, 사진첩이 담겨 있다. 상자를 정리하다가 시선이 머문다. 책장 모서리에 옆구리만 보이는 낡은 이젤이다. 한쪽 다리는 기다리다 지친 듯 벽에 기대 있고, 다른 한쪽은 엉거주춤 중심을 잡고 있다. 쓰다만 수채화 물감과 부러진 연필은 일상이 멈춘 추억의 방에 굳은 채로 놓여 있다.

미술용품을 들춘다. 빛바랜 스케치북을 들고 달뜬 마음으로 바닥에 주저앉는다. 말없이 과거의 추억을 붙잡고 있는 내 가슴이 꿍꽝거린다. 단발머리에 교복을 입던 시절의 설레는 미술 시간이다. 미술 선생님은 파블로 피카소 화가처럼 미남이다. 여학생들은 다른 과목에는 관심도 없다. 미술보다 선생님과 함께하러 어느 과목보다 미술부 지망생들이 줄을 잇는다. 수많은 경쟁을 뚫고 들어온 나는 미술부에서 열정적인 그림 그리기는 물론 특별활동 시간까지 이어진다. 항시 이젤 앞에 앉아 엄지와 검지로 사각 프레임을 만들어 구도를 잡으며 나만의 명작을 상상한다.

어느덧 그림에 익숙해지자 가끔은 샛길로 벗어난다. 수업 시간에 노트 아래 편지지를 숨겨 그림을 몰래 그린다. 연서를 적을 때면, 여백에 색색의 볼펜으로 그림을 그려 장식도 한다. 한쪽 귀퉁이는 철철이 피는 꽃과 자연의 풍경을 그려 나만의 편지지를 만든다. 좋은 글귀를 옮긴 연서는 화사한 시화처럼 빛이나 부러움에 대상이다. 이성에게 여행지마다 구입한 명작 그림엽서에 글과 그림으로 우정을 수줍게 고백하며 엽서 수집에도 열을 올린다. IT 시대에 촌스럽다고 말할지도 모른다. 나만의 편지지에 글을 적어 보내는 건, 전자 우편으로 송수신하는 시대에 사뭇 다른 추억의 풍경이리라.

허연 머리카락을 염색약으로 감추는 나이이다. 나이를 핑계

삼아 현실에 안주할 명분을 찾으며 애써 도전을 회피했는데 나만 제자리걸음이다. 세월이 훑고 지나간 자리가 텅 빈 것 같아 마음이 편치 않다. 옛 기억을 되살려 데생 수업에 등록한다. 오늘이 데생 첫 수업 시간이다. 주변을 돌아봐도 머리 허연 늦깎이 수강생은 나뿐이다. 이젤 앞에 앉아 학창 시절처럼 초상화 이미지를 따라 선을 터치한다. 몸이 기억하는지 어설프던 선의 터치가 조금씩 유연해진다. 이목구비를 연필로 명암을 주고 선을 섬세하게 묘사하는 회화적 표현이 심오하다. 어느새 밝음과 어둠으로 자연의 경치를 담은 그림은 쉼 없이 화폭 위에서 자연스럽게 터치한다.

한두 발 물러나 그림을 바라본다. 먹의 농담으로 흑과 백의 고아하고 담백하게 그려낸 수묵화를 보는 듯하다. 조선 문인은 화선지에 먹물이 번지며 농담을 준 사군자와 수묵산수화를 묵직하게 표현한다. 수묵담채화와 데생의 음영과 여백의 미를 표현하는 기법이 흡사한 걸 보니 미술의 근본은 선인 듯하다.

연필로 선을 터치한다. 무에서 유를 창조하듯 밝음과 어둠의 선을 이어간다. 인물화에 이어 풍경화를 그린다. 호수의 반영으로 빛과 그림자를 표현하며 입체감을 살려 화폭에 터치하는 손끝이 떨린다. 늦깎이로 섣부르지만, 연필 선으로 음영이 그려지면서 반영 모습이 서서히 드러난다. 설지만 호수에 뿌려지는 물밑 그림자의 표현이 매력적이다.

뒤늦게 동행한 데생은 어느새 삶의 향기로 아름답게 피어오른다. 향기 없는 꽃엔 벌과 나비도 외면한다. 아무것도 하지 않으면 아무 일도 일어나지 않으랴. 늦게나마 진득한 삶의 향기로 채워진 그림은 도전이고 용기이다.

미술과 동행은 특별하다. 굳어버린 물감처럼 지나온 뒤안길이지만 세상은 준비하는 자의 몫이랴. 사랑과 애정이 사그라져 아픈 게 아니라 관심받지 못해 아픈 것이다. 외롭다고 하지 말고 나를 위한 나만을 위한 특별한 취미가 있다면 이보다 좋을 수 없으리라. 성정이 느긋한 나의 성향에는 그림 그리기가 안성맞춤 듯 자연스럽다.

사진을 보며 스케치북 중앙에 점 하나를 찍고 선을 터치한다. 고흐가 아니면 어떻고 피카소가 아니면 어떠랴. 거실 한편에서 나만의 화폭 위에 데생의 선과 여백의 미를 덧칠하면 [7]소확행을 누린다.

---

7 소소하지만 확실하게 행복을 주는 일.

제5부

옛 향기가 머무는 곳

시간은 흘렀지만 여전히
내 마음과 그곳은 그대로이다.
바닥의 나뭇결 그리고 그 탁자
벽에 남긴 작은 얼룩들
창밖 정원의 오래된 소나무 분재까지도
그곳에 발을 디디는 순간 눈을 감는다.
그리고 과거로 되돌아간 듯
익숙한 향기가 나를 반긴다.
옛 향기가 머무는 이곳
내 마음이 쉬어가는 안식처이리라.

꽃샘바람
아버지와 겨울 산
징검다리
막새
암서재 가는 길
망양정

꽃샘바람

 봄 향기로 달뜬 마음이다. 꽃잎이 진자리에 병아리 부리처럼 뾰족하게 새순이 올라오기 시작한다. 봄 앓이를 하는 양 들썩이는 마음이 진정되질 않는다. 지난해 다녀온 기차여행의 여운이 아른거려 동무들과 다시 기차여행을 떠난다.
 무궁화호 기차에 오른다. 제천에서 태백까지 기차는 시원스레 달린다. 병풍처럼 숲을 이룬 차창 밖은 한창 봄맞이 중이다. 농부들은 지난해 골을 덮었던 비닐을 부지런히 제거한다. 바람에 찢겨 펄럭이는 하얀 비닐이 마치 승무의 휘날리는 장삼 자락이 떠오르게 한다. 세찬 바람에 비닐은 장삼 자락처럼 휘날리며 등 뒤를 바짝 따른다. 아버지는 참으로 부지런한 농부이다.

　우리 집도 담배 농사가 주업이다. 아버지는 꽃샘바람이 불기 시작하면 비탈진 밭에 골을 타 비닐을 씌운다. 봄바람보다 앞서 한 해 농사 준비에 분주하다. 밭고랑에 봄을 토해내듯 닳아 빠진 쟁기의 보습으로 골을 깊게 타 비닐을 덧댄다.

　형제가 많은 우리 집이다. 골을 따라 비닐을 들고 달리는 일은 언제나 내 몫이다. 비닐을 움켜잡고 달릴 때면 앙칼진 봄바람이 시샘하는 듯 나를 공격한다. 마치 천상에 핀 흰 치마저고리에 장삼 자락 휘날리며 빠르게 박을 맺는다. 승무의 휘모리장단처럼 나도 빠르게 밭고랑을 달린다. 동여맨 가사 고름 사이 숨어드는 봄바람처럼 나의 가슴도 마구 뛴다. 한나절 밭고랑을 들고 뛰고 나면, 휘모리장단에 자진모리장단으로 다시 굿거리장단에 맞춰 춤을 춘 듯 몸에 땀이 솟는다.

　꽃샘바람은 소리 없이 농부의 가슴팍으로 파고든다. 바람은 애써 묻어둔 비닐을 향해 마구 발길질한다. 밭이랑의 비닐을 아무리 꾹꾹 눌러 덮어도 허공을 향해 휘날린다. 아버지의 뒤꽁지를 따라 바지런을 떨다 보니 어느덧 두둑한 밭고랑은 평행선을 이룬 레일처럼 반듯하게 비닐이 덮어진다.

굿거리장단에 얹혀 흘러간 해가 서산마루에 머문다. 한바탕 춤판이 끝나고 다랑이 밭은 새하얀 옷을 갈아입은 듯 말쑥하다. 아버지의 봄바람이 그렇게 시작하여 한바탕 몰아치던 춤판은 꾹꾹 눌린 피복 비닐 속에 박을 맺는다.

기차 창밖에 얼핏 비추는 옛 기억이 생생하다. 당신과 함께 담배 심을 밭고랑에 비닐을 치던 풍경이 친구들과 떠나는 여행길에 떠오를 줄 몰랐다. 농부들의 보살핌을 받으며 단단히 뿌리 내린 농작물처럼 친구들은 추억 속 텃밭에 머물러 이야기꽃이 핀다. 나의 상념과 상관없이 기차는 어긋남 없이 각자의 사연이 어떤들 기차는 묵묵히 철로를 달린다. 마치 아버지가 어떠한 위기에도 묵묵히 가족을 지켜오신 모습도 이와 같지 않으랴.

햇살이 따습다. 창에 기대여 우린 기차여행의 별미인 김밥과 삶은 계란을 먹는다. 학창 시절 양은 도시락 이야기로 화기애애하다. 난 조밥이 싫다. 갈탄 난로 위에 지글거리던 나의 양은 도시락에는 쌀보다 조가 더 많다. 아이들은 금밥이라 놀린다. 놀림보다 더 싫은 건 꺼칠꺼칠하고 부슬부슬한 조밥을 먹는 거다.

입안에 오돌오돌 돌아다니는 조밥을 삼키기가 얼마나 곤욕

이었던지 생각만으로도 미간이 찌푸려진다. 지금은 건강식으로 찾는 조밥이지만, 그때는 가난한 살림에 먹고 살아야 했던 양곡이다. 자식에게 그리도 싫다는 조밥을 먹이는 당신의 심정을 헤아리지 못한 나다.

창밖 다랑이 밭도 풍요로워 보인다. "사월 초하룻날 동풍이 불면 팥 농사가 풍년이 들고 남풍이 불면, 조 농사가 풍년이 든다."라고 한다. 조 농사가 풍년이면 가난을 견디기에 힘이 덜 들겠지만, 도시락에 채워질 조밥이 싫어 외면한다. 그럼에도 한 가닥 희망이라면 방학이면, 동무들과 무궁화호 기차를 타고 여행하는 것이 유일한 낙이다. 부모님도 방학이면, 봄철 내내 농사일을 도와준 대가로 용돈을 두둑이 챙겨주시니 비닐을 어깨에 메고 달리는 것이 그리 싫지는 않다. 객차에서 주전부리는 왜 그리 맛나던지 그 맛은 지금도 종종 생각이 나곤 한다.

꽃샘바람이 잔잔해진다. 달리는 기차에서 바라본 바깥은 바람이 어디 쪽으로 부는지 가늠할 수는 없다. 사월 초하룻날 동풍이면 어떻고 남풍이면 어떠하리. 그저 풍작이 이루길 소원하면서 조밥의 추억을 회상한다.

머리카락이 희끗희끗한 나이지만, 추억만큼은 생생하다. 낭만 열차는 우리의 마음을 아는지 모르는지 풍경을 뒤로 밀어내며 오늘도 철로 위를 철컹거리며 달린다. 요즘 별 어려움 없이 살아가면서도 무언가 목이 마른 듯 마음이 허전한 것은 아마도 그 시절 봄이 그립기 때문이리라. 이런저런 상념을 안고 달리던 기차는 우리를 태백역에 내려놓는다. 한치 미련 없이 우렁찬 기적소리 울리며 아스라이 멀어진다.

여행은 가뭄 끝에 내리는 단비처럼 즐겁다. 철길 따라 추억 따라 길게 뻗어나간 평행선을 바라보며 지절지절 흥분을 감추지 못한다. 여행은 단순한 여행의 의미가 아니다. 일상 일탈로 자연과 역사가 공존하며 나를 돌아보는 행복한 반란이다. 낯선 곳에서, 나를 만나는 순간으로 자아 성찰의 시간이다. 그리고 나를 다르게 바라보는 미학이 담겨 있어 여행은 행복한 반란이리라.

아버지와 겨울 산

 소나무가 그립다. 그대가 그리워서 생각나는 것이 아니라, 생각나서 그리워진다고 했던가. 문득 소나무의 운치가 선하다. 맵싸한 바람이 불기 시작하면 활엽수는 무성히 매단 이파리를 떨군다. 헐거워진 나뭇가지 사이로 수려한 자태가 드러난다. 촘촘히 잇댄 삶처럼 잔가지 사이에 소나무의 자태는 몽환적이다. 그 멋에 홀려 겨울 산을 찾는다.
 겨울 산을 오른다. 푸르던 나무숲이 이발한 듯 말끔하다. 바람의 옷자락 사이로 펼쳐지는 노거수의 빈 나뭇가지가 매혹적이다. 숲속 군데군데 우뚝 선 소나무는 한 폭의 수묵화를 보는 듯하다. 서로 엉킨 잔가지 사이로 부서지는 하늘빛에 투영된 소나무의 힘에 이끌려 멈춰 선다. 흙이라곤 찾아볼 수 없는 광활한 이곳에 노송과 커다란 바위의 아우름이 마치 신선이 노니는 듯하다. 주위가 온온하다. 넓적한 바위에 구부정하게 휜 소나무의 의젓한 위세에 아버지의 모습이 보인다.

구불구불한 거대한 소나무이다. 이 넓은 세상에 오롯이 선 노송에서 아버지의 향기가 흐른다. 뒤틀린 나뭇가지가 길을 터주듯 비스듬히 누워 웅장한 자태로 시선을 압도한다. 대나무처럼 곧게 자란 소나무보다 힘줄이 툭툭 튀어나온 듯한 껍질과 구부정한 형상의 나무가 멋스럽다.

아름드리 밑동에서 나이를 가늠케 하는 노송은 아버지를 닮은 송백지조이리라. 하늘로 구불구불 가지를 뻗은 모양은 육 남매를 키우느라 두둑해진 아버지의 팔뚝과 흡사하다. 등이 굽도록 애쓴 아버지의 마음을 읽기라도 하는 양 바람도 멈추고 새들도 울음을 멈춘다.

친정아버지는 손재주가 많다. 주변에서는 재주꾼이라 부른다. 손수 주택을 손보기도 하고 헛간 정도는 설계도 없이 눈대중으로 손쉽게 짓는다. 바닥 기초공사도 삽으로 다진다. 바닥에 잔돌을 고르는 일은 딸들의 몫이다.

딸들은 아버지와 함께하는 것이 신이나 더 열심이다. 아버지는 바닥 수평도 호스에 물을 이용하여 수평을 잡는 전통 방식으로 기초석을 잡는다. 사다리에 온몸을 지탱하며 벽돌을 쌓고 우리는 잡일을 돕는다고 분주하다. 어느덧 대패질로 다듬어진 서까래를 얹어 먹줄을 튕기며 선을 긋고 잘라준다.

 지붕이 완성될 때쯤 아버지는 땀으로 미역을 감는다. 얼룩지고 붉어진 얼굴이 탱탱하게 빛이 날 때면 미장으로 마무리된 벽면도 깔끔하게 빛난다.

 노동으로 다져진 아버지의 손은 세월의 고단함과 아픔이 고스란히 묻어난다. 소나무 껍질처럼 거친 손바닥은 굳은살로 울통불통 두껍다. 사춘기 시절 작업복을 입은 아버지보다 넥타이에 양복을 갖춰 입은 친구 아버지가 부러워 속을 끓이기도 했다. 남들은 재주 많은 아버지가 부럽다고 하지만, 나는 농부의 아버지인 거친 손이 부끄러워 애써 외면했으니 어쩌랴.

 학교에 진로상담 오는 것조차 마땅치 않아 입이 댓 발 나와 심통 부리기도 여러 차례이다. 소나무 같은 우직한 아버지는 철부지 딸의 속내를 알고 계시면서도 내색하지 않으셨다.

 구순이 목전인 아버지는 한결같다. 노송처럼 당당한 아버지는 "소나무 아래서 태어나 소나무와 더불어 살다가 소나무 그늘에서 죽는 겨."라고 말씀하신다. 일부러 죽음과 연관시키는 게 언짢고 불편해 귀담아듣지 않는다. 시간이 흘러 그때의 아버지 나이가 되어보니 이제야 마음이 동한다.

 소나무는 일상생활 깊숙이 생의 다양한 의미로 동고동락한다. 아버지는 옛 방식대로 곡우가 되면 볍씨를 담아두었던 가마니를 솔가지로 덮어둔다. 불경스러운 사람이 볍씨를 보거나 만지게 되면 싹이 잘 트지 않아 그해 농사를 망친다는 생각에서다. 어디 그뿐이랴. 요즘은 택일을 정해 아이를 낳지만, 아버지는 장손이 태어날 때 금줄에 솔가지와 고추 그리고 숯을 달아 탄생을 알린다. 아들을 귀하게 여기던 선인의 모습을 엿본다. 아버지도 금줄로 외부의 삿된 기운으로부터 보호했을뿐더러 장수를 의미하는 솔가지로 염원을 담았으리라.

 아버지와 소나무는 닮았다. 청렴하고 강직한 사람을 두고 소나무에 비유하지 않던가. 뿌리 깊은 유교 사상에 정의와 올바름을 주장한다. 주변에서는 기준을 우선시하는 아버지가 고지식하고 답답하단다. 권위적이고 무뚝뚝한 아버지는 자기주장이 강하다. 마을 일에도 당신 주장이 옳다고 여기면 한 발도 양보하지 않아 때때로 구설에 오른다. 그의 피해는 온전히 가족의 몫이다. 당당한 위상으로 흔들림 없이 버티는 소나무 같은 아버지의 삶이다.

푸름과 푸르지 않은 겨울 산의 풍경은 굽힘 없는 아버지 모습만 같다. 세상에 굴하지 않고 당당한 아버지의 푸름이요, 성격이 곧아 융통성이 없어 답답하다는 푸르지 않은 상반된 모습이다.

엄격한 아버지도 이면은 다르다. 딸들에겐 예외로 구속하거나 강요하지 않는 속 깊은 아버지이다. 나부대는 네 딸의 머리를 손수 양 갈래로 묶어주고 따주는 솜씨가 일품이다. 밖에서는 언제나 거침없는 아버지도 알고 보면 내유외강한 성격으로 부드럽기 그지없다.

세월은 아버지를 그냥 두지 않는다. 어느덧 등 굽은 노구의 모습으로 지팡이에 의존해야 한다. 처마가 들썩거릴 정도로 쩌렁쩌렁 호령하던 목소리는 온데간데없고 고요함이 맴돈다.

겨울 산의 소나무가 처연하다. 아버지의 모습과 겹쳐서인가. 혹한의 역경 속에서 푸른 모습이 한 가정의 가장으로써의 모습이다. 눈보라 치던 날에도 말없이 들판을 걸으셨던 아버지, 늘 푸르른 소나무처럼 마음 한편은 늘 따스하다. 조금 부족해도 더불어 사는 사회. 자연과 사람은 항상 함께하며 겸허히 살아가는 모습이지 싶다.

소나무는 단순히 자연 일부가 아니다. 청명한 기운과 자연의 균형을 이룬 소나무는 자연과 인간의 조화를 잘 이루며 신성한 공간을 이룬다. 아버지는 당신보다 나은 삶을 물려주려고 묵묵히 고집스럽게 가족을 위한 삶을 사셨으리라.

  등 굽은 허리에 세월이 내려앉았지만, 여전히 넉넉한 품이다. 이제야 뉘우친다. 우리 곁에 늘 서 있던 소나무가 바로 아버지였다는 것을.

징검다리

　길섶 가득 오색 연등이 불을 밝힌다. 빛살에 어렴풋이 보이는 어르신의 모습이 어머니를 닮은 것 같다. 양장 치마저고리를 곱게 입고 일주문을 넘는 어르신은 그리운 어머니 모습이다. 어머니는 매일 부뚜막에 정화수를 놓고 가족의 안녕을 기원하고, 보름이면 장독대에서 치성드린다. 가족들에게 불경스러운 일이라도 생기면 장독 위에 시루떡을 올려놓고 비셨는데 유년 시절 신기한 그 모습이 생생하다.
　기억 끝자락의 초파일은 잔칫날이다. 음력 사월의 초여드렛날이면 분단장하고 가장 아끼는 한복으로 치장한 어머니는 괴산의 산사 '각연사'를 찾는다. 외아들과 외딸로 결혼한 부모님 슬하에 여섯 남매를 두었으니, 부처님께 치성드릴 일이 얼마나 많으랴. 맥령기에 고단한 농사일을 잠시 접고 딸내미들과 초파일에 행차는 달뜬 날이다. 자동차가 흔하지 않았던 그 시절 일찍감치 오토바이에 공양미를 싣고 산사로 가신 아버지는 잡일을 돕는다. 어머니와 굽이굽이 산허리 돌다 보면, 고소한 지짐 냄새와 목탁 소리가 들린다. 나는 꽃무늬 팬티가 보이도록 펄쩍펄쩍 뛰며 달려간다.

너른 명석 위에서 국악 장단에 맞춰 승무 춤사위가 펼쳐진다. 장삼 자락이 흩뿌려지고 백옥 같은 고깔 속에 붉은 입술의 무희 표정은 지금도 선하다. 엄마 치맛자락을 움켜잡은 나는 무희의 희고 긴 장삼 자락이 하늘에 닿을 듯 뿌려지고 붉은 가사 자락이 너울너울 춤을 추는 모습에 넋을 놓는다.

느린 첫 박에 살짝 들어 올린 치맛자락 사이로 하얀 버선코가 수줍은 듯 내밀 때면, 나도 덩달아 발디딤을 따라 한다. 사뿐사뿐 굿거리장단에 한을 풀어내는 듯한 발디딤에 모두가 숨죽여 본다. 점점 신명 나게 울려 퍼지는 자진모리장단에 들썩이는 어깨와 경쾌한 발디딤으로 온몸이 '덩따쿵따 쿵따쿵따' 널뛴다. 군더더기 없는 발디딤으로 한바탕 휘몰아치던 춤사위는 합장하며 끝 박을 맺는다.

　초파일이면 어머니의 아릿한 삶이 파고든다. 농부의 아내로 밭뙈기에 담배, 고추, 콩 농사로 손목에 작업풍이 나도록 일군다. 달걀을 보고 닭을 찾는 것처럼 성급한 성향의 아버지는 당신 뜻대로 되지 않으면 불호령이 떨어진다. 하지만 딸들에게만은 의외였다. 하루도 빠짐없이 딸들의 머리를 빗겨 묶어주고 자전거로 통학까지 시켰으니 그 사랑은 넘치는 화수분이다.

　원체 성미가 급하고 꼿꼿한 아버지이다. 흐트러지는 예가 없으나 성질 급한 아버지와 농사일은 그리 쉽지만은 않았을 터.

　집 밖의 일들이 더 바쁜 아버지, 농사일 도중에도 바깥일로 밭둑에 삽자루를 던져놓고 휑하니 달음질치는 일이 비일비재하다. 주변 사람들은 건달 농사꾼이라 부르고 어머니는 홀로 논과 밭을 누비며 자식들 뒷바라지에 전념했으리라. 돌이켜보니 어머니는 밭고랑에서 긴 한숨을 토해내며 고된 일로 응어리진 삶을 삭힌 것 같다.

　세월은 쉬어가지 않는다. 시간이 훑고 지나간 자리 가슴속에 맺힌 어머니의 한 많은 일생은 암 덩어리가 되어 삶의 고리를 끊어놓는다. 그리도 거침없이 호령하던 아버지는 등도 허리도 굽어 거동이 불편한 노구로 지팡이에 의존하고 있다.

이빨 빠진 호랑이가 되었는데도 여전히 "넥꼬다이 없이는 못 나간다."라며 넥타이를 고수하는 아버지. 가족의 삶보다 당신의 삶을 위해 바깥일에 정신을 쏟아 어머니의 삶을 앗아간 것 같아 한동안 친정을 멀리한다. 아버지만을 보필했던 어머니의 일생 여필종부에 얽매이는 삶 같아 일부러 등을 돌린다. 아니, 홀로 계시는 아버지의 삶이 애잔하여 외면하고 싶었으리라.
　어느덧 당신 그늘보다 더 커진 자식 그늘에 버팀목처럼 고향을 지키는 아버지는 속죄하듯 어머니 산소를 가꾸는 일로 위안 삼지만 외려 그 모습이 저릿하다. 삶이 버겁고 마음이 복작거릴 때면 나도 각연사를 찾는다.
　가정의 안녕을 위한 깊은 속내를 간직했던 어머니의 삶을 닮아가고 있나 보다. 뿌리 없는 나무가 없고 뿌리 없는 사람이 없다고 했던가. 기나긴 삶의 여정 합장하며 자애로운 마음을 보듬는다. 바람이 지나간 처마 끝 풍경도 마음이 동하였는지 청아한 울림으로 화답한다.

막새

 용트림하듯 뒤틀린 거목이 온몸을 부르르 떤다. 나무가 토해낸 가루는 훨훨 바람 타고 꽁지 빠지게 날아간다. 개골창이나 둔치의 자갈 틈에도 허옇게 부서진 파도의 포말처럼 뭉글뭉글 엉켜있다. 창문 틈새로 슬그머니 밀고 들어온 가루를 쓰~윽 문질러보니 손바닥이 노리끼리하다. 송홧가루다. 발코니를 온통 누렇게 덧칠한 송홧가루를 물끄러미 바라보다 연서처럼 날아든 기억을 더듬는다.

 부모님은 명절이면 다식을 만든다. 함지박에는 다양한 색색의 반죽을 준비한다. 우리는 앞다투어 조몰락조몰락 다식판에 반죽을 넣고 틀을 눌러대느라 끙끙거리며 힘을 쓴다. 다식틀에서 쏙 올라오는 재미에 매료되어 지치는 줄도 모른다. 신기하고 다양한 무늬로 오달지게 만들어진 다식은 먹기보다는 서로 빚겠다고 다투던 기억이 생생하다.

제례와 혼례 시 상차림에 올랐던 다식이 화려한 색상과 디자인으로 변모한다. 다과와 차로 전통적인 디저트로 쫀득쫀득한 식감으로 입맛도 사로잡는다. 다양하고 독특한 무늬로 우리 곁에 친숙하게 안긴 다식은 오랜 역사를 지닌 그리움의 산물이다.

송화다식 빚을 요량으로 산속을 누빈다. 송홧가루를 채취하려 하지만, 잦은 비로 벌써 송순이 돋아난다. 동행한 동무들은 비닐봉지로 솔가지를 뒤집어씌워 송홧가루 채취하는 나를 두고 고루하고 답답하단다. 매점에 가면 손쉽게 구매할 수 있는데 사서 고생이라며 진부하다고 놀려댄다. 시기를 놓쳐 채취하기가 만만치 않다. 얼마 되지 않은 송홧가루는 산속에 뿌려놓고 아쉬운 발길을 돌린다.

송홧가루 대신 미숫가루로 예전 기억을 더듬으며 다식을 빚는다. 꿀로 반죽하고 달라붙지 않게 틀에 기름도 바르고 반죽을 채워 고임돌을 빼 눌러주면 다식이 완성된다. 오방색 다식은 아니지만 그리움까지 듬뿍 담은 생강차와 다식을 찻상에 차려놓고 바라본다. 삭히지 못한 그리움이 그렁그렁 매달린다. 집안 가득한 차향과 다식 내음으로 한입 깨물면 간직했던 추억이 사라질까? 끝내 먹지도 못하고 이튿날까지 그대로 둔다.

다식 무늬를 살펴보니 수막새 무늬와 흡사하다. 고택이나 가옥의 수키와 끝은 아귀토로 막새를 마감하지만, 사찰이나 궁궐의 막새는 갖가지 염원을 담은 무늬로 수키와를 마감한다. 수막새의 얼굴 무늬, 연화, 짐승, 인동무늬 등 다양한 무늬가 있다. 다식 무늬도 연화, 빗살, 물고기, 새 등 수막새와 다식 무늬가 닮아 볼수록 정감이 간다.

봄이 오는 길목, 부산 해동용궁사로 수막새 탐방을 떠난다. 막새는 기와 사이로 빗물이 흐르는 물골이 서까래에 스며들지 않게 막는 용도이다. 선인은 처마 끝을 장식하는 막새의 다양한 무늬를 만들어 의미를 부여한다.

대웅보전과 원통문의 수막새는 연꽃 위에 범 자문을 그려 넣은 장식이 장엄하다. 경내 전각마다 수막새 무늬가 다르다. 용궁 단의 처마 끝의 암막새와 수막새의 무늬는 하나로 연결된 연꽃무늬이다. 진흙 속에서도 깨끗하고 아름다운 꽃을 피우는 연꽃, 불교에서는 속세의 더러움에 물들지 않는 청정함을 상징하니 기와 연꽃무늬가 새롭다. 무늬 하나에도 후인에게 전하려는 뜻을 찬찬히 헤아려 보며 선인의 예술혼에 넋을 놓고 서성인다.

수막새 무늬는 다양한 뜻을 지닌다. 액운을 없애고 행운을 불러오는 수막새 무늬의 염원이다. 다식 무늬도 수복강녕과 무병장수를 기원하는 뜻으로 수막새와 다식은 무늬에 모두의 안녕을 축원함이다. 지근거리에 서서 대웅보전의 범 자문의 무늬 수막새에 눈을 떼지 못한다. 수상 법당으로 바다를 내려다보며 육지와 해상 그리고 하늘까지 소원을 담아 굽어보고 있는 듯 근엄하다. 수막새와 다식 무늬가 흡사한 걸 보면 선인은 후인에게 악이 있는 환경에서도 악에 물들지 않기를 소망하며 간절하게 기원했으리라.

요즘 한옥마을이 인기이다. 신축 한옥마을의 막새를 보면 날렵한 처마의 암막새와 수막새까지 무궁화꽃 무늬가 대부분이다. 본시 무궁화꽃은 긴 기간 동안 꽃을 피우는 덕분에 끝없이 피고 지지 않는 꽃으로 나라의 꽃이다. 막새의 무늬로 나라의 꽃으로 장식하였으니 이 또한 강인한 국민의 생명력과 정신력을 담았으리라.

고개 들어 바라보아야 보이는 기왓장 무늬 하나에도 벽사와 장수를 염원하며, 다식의 오방색 무늬마다 화목과 번영 그리고 다산의 의미를 담는다. 수막새와 다식 무늬는 단순 멋 내기가 아닌 후인에게 교훈을 담은 의미를 부여했으니, 선인의 삶의 지혜로움이 엿보인다.

연서처럼 다가온 다식은 그리움과 연민으로 발끝을 따라온다. 그래서일까. 괜스레 잠을 이루지 못하고 자다 깨다 뒤척인다. 여명이 밝아올 무렵 생전 어머니와 다식 빚던 모습이 자꾸만 눈앞에 어른거려 뒤적뒤적 선잠에서 깬다.

암서재 가는 길

　먼발치 개울 건너에서 보아도 범상치 않은 정자이다. 묵직한 카메라를 등에 짊어지고 바짓가랑이를 둥둥 걷어 올려 개울을 건넌다. 높은 층암절벽 위 너른 반석 위에 올라앉은 정자에 감복하여 거친 숨을 몰아쉰다. 암서재巖棲齋를 바위에 깃든 집이라 했던가.
　절벽 바위틈에 용틀임하듯 구불구불 휘어진 노송이 시선을 잡는다. 그 아래 맑은 물이 감돌며 층암절벽이 더할 수 없는 풍광을 자아낸다. 빼어난 산수는 관동팔경의 하나라고 해도 과언이 아니다.

암서재는 우암 송시열이 만년에, 정계에서 은퇴하여 화양동에 은거할 때 학문을 닦고 제자들을 가르치던 곳이다. 암서재를 품에 안은 듯 굽어보는 노송은 어머니의 품처럼 안온하다.

올 때마다 흠모하는 연인을 만난 듯 설렌다. 몇 번을 와도 마음이 두근거리는 암서재이다. 굳게 닫힌 일각문 옆을 돌아 깨금발 들어 안을 살핀다. 반석 위에 고졸한 백골집으로 군더더기 없이 깔끔하다. 버선코처럼 살짝 들어 올린 추녀마루가 어머니 품처럼 따스하다. 화려한 채색도 없이 퇴색된 단아한 단청이 부드럽게 감싼다. 그저 긴 서까래를 잇대어 달아 낸 겹처마로 우아한 곡선미를 추켜올려 하늘을 떠받들고 있을 뿐이다.

덧없이 흐르는 시간도 고색창연한 기품에 멈춘 듯 고요하다. 한 무리의 여행객이 휩쓸 간 고즈넉한 정자 주변은 이내 적막강산이다. 마른침을 꿀꺽 삼키며 정적이 깨질까 작은 숨소리를 고른다. 아마도 세상과 타협하지 않고 신의를 지키던 선비의 성향에 더 고아하게 보였으리라.

선비의 뜻을 간직한 암서재이다. 수많은 사연을 품은 채 붉게 녹슨 온돌방의 문고리는 안채 여인의 삶의 모습이 깃들어 있는 것 같아 아리다. 옛 여인들은 목소리가 담을 넘어서도 안 되고, 담을 넘어 보아서도 안 되는 여필종부의 삶이었다.

친정어머니의 삶도 별반 다르지 않다. 기억 속의 어머니는 외출도 거의 하지 않는다. 번갯불에 콩 구워 먹듯 급하고 꼿꼿한 아버지의 성미로 어머니는 외출을 거의 하지 않는다. 출가한 딸, 아들 집 방문이 전부이다. 농사에 매달리다 보니 여행이라곤 부부 동반이 전부이다. 요즘 주부와 사뭇 다른 삶으로 고루하다고 말하겠지만 어머니는 아버지 그늘에서 평생 그리 사셨으니 애처롭다. 당신의 의견도 제대로 내세우지도 못하고 오로지 아버지 뜻대로 일하셨으니 어머니 삶은 집안일이 전부이다.

어머니의 나이가 되어보니 당신의 삶이 아프게 파고든다. 체한 것처럼 가슴이 뻐근하다. 어머니는 왜 그리 목소리 한번 내보지 않고 순종하셨는지 아이러니하다. 자식을 위한다는 명분으로 아버지 그늘에서 안주하며 안식하신 건 아닌지 되된다.

어쩌면 신산한 삶으로 숯검정처럼 속내가 검게 타고도 남았으리라. 우리 집은 아들 둘의 딸 넷으로 다복하지만, 아버지는 대를 잇는 귀한 아들만 눈에 보인다. 딸을 내리 넷이나 낳았으니, 어머니는 늘 눈치를 보며 속 타는 마음을 바느질로 위안 삼아 지내신다.

어머니는 딸들에게 옷을 만들어 입히는 것이 낙이다. 당신의 열두 폭 한복 치마는 딸들의 주름치마로 변신한다. 겨울이며 손뜨개로 조끼며 티셔츠까지 만들어 입힌다. 조각 천으로 잇대어 만든 주름치마를 입고 달리면 알록달록한 주름이 펴지면서 화사한 꽃송이처럼 보인다.

치마를 만들 때면 서로 입어보려고 턱 괴고 앉아 아옹다옹하던 기억이 선하다. 아들만 위한 아버지, 아버지 뜻을 거역하지 못하는 어머니도 아들 사랑이 극진하다. 그런 부모님의 삶을 이해하기가 쉽지 않았는데 미워하면서 닮는다고 나 역시 아들 사랑이 극진하다. 진정 나의 삶과 어머니의 삶이 무엇이 다르랴.

붉게 변한 문고리가 발걸음을 잡는다. 어머니의 생전 모습이 얼비치는 붉게 물든 암서재 문고리를 한참 바라본다. 남존여비 그 시대 여인들의 삶을 읽은 내내 답답한 가슴을 쓸어내린다. 어머니의 지난한 삶과 세상을 고심하는 선비의 애절한 마음이 문고리에 내려앉는다. 저리도 문고리가 붉게 녹슨 건 녹錄이 아니라 그들의 삶을 대변하듯 희로애락이 붉디붉게 배어 나온 것이랴.

분진이 허옇게 내려앉은 대청마루이다. 금방이라고 큰소리로 '이리 오너라' 호령할 것만 같다. 선비의 하얀 도포 자락 휘날릴 것 같은 암서재, 마음은 벌써 대문을 열고 들어섰는데 쭈뼛쭈뼛 주변만 서성인다. 일각문 너머로 퇴색된 대청마루에 앉은 고매한 성인이 보인다.

그의 가르침을 받으며 학문에 정진하며 나라를 위해 고뇌하는 고결한 제자의 모습도 보인다. 당시 평민의 여인들은 서책이 있어도 읽지 못하고 땅바닥에 작대기로 숫자를 표기하거나 그리는 게 전부이다. 자연스레 남존여비 사상이 사회적 지위와 권리 앞에 한없이 작아지는 여인이다.

햇볕으로 꽉 찬 대청마루이다. 고아한 백골집의 서까래에 매료되어 한참을 우뚝 서서 단아한 수묵화를 닮은 한옥 아래 선비의 책 읊는 소리가 들리는 듯하다.

먼발치 정자 아래를 굽어본다. 바람에 휘청거리는 잡초, 지천에 무더기로 가득한 들꽃, 우뚝 선 나무들도 제각기 그릇이 따로 있단다. 붉게 물든 암서재 문고리처럼 어머니의 삶의 무게가 어깨를 짓눌러도 아파하지 않으리라. 세상에는 내가 보지 못한 아름답고 진솔한 삶의 모습이 더 남아있으리라. 발길을 돌리며 다시금 암서재를 돌아본다. 후인에게 전하는 선인의 의미를 되새기며 무장무장 세상 속으로 걸어간다.

망양정

　처마를 훑은 바람이 호젓한 정자를 휘감아 돈다. 망루에 올라서서 동해를 한눈에 굽어본다. 노송과 어우러진 절경을 빚어 놓은 울진의 망양정 단청에 시선이 머문다. 계자난간에 기대어 활처럼 휘어 오른 겹처마의 아래 선다. 우주 만물이 서로 어우러져 좋은 기운을 자아내려는 화려한 단청은 서양 건축처럼 화려한 색채도 아니다. 얼핏 화려해 보이지만 그저 청색, 적색, 황색, 백색, 흑색인 오방색이 전부이다.

　날렵한 처마는 위엄 있게 호령하는 나라님을 닮은듯하다. 안온한 단청은 세상을 품어 안은 단아한 국모를 연상한다. 망양정은 고려에 망양리 해변 언덕에 세워졌으나 세월이 흘러 허물어져 조선 세종 때 현종산 기슭으로 옮겼다. 그 후 오랜 세월 풍우風雨로 낡아 중건 낙성한 것을 현 울진군에서 이곳에 재보수한 것이다. 정자 하나가 허물어져 내려앉은 것이 무엇이 대수라고 예부터 나라와 지방에서 이전하였는지 자못 궁금하다. 선인은 후인에게 무엇을 전하려 그리 많은 시간을 드려 보수하였는지 머릿속에 끝없이 물음표가 꼬리를 문다.

망양정에 좌선한다. 문인들의 시문이 편액扁額된 망양정 마루에 앉으니, 선인의 숨결이 부드럽게 감싼다. 편액을 톺아보면 세속적 이익보다 학문과 덕성을 키우며 굴하지 않던 선비정신이 깃들였으리라. 정자에서 풍광을 빗대어 나랏일을 근심하고 염려하는 문인들의 고뇌가 전해진다. 시인 묵객이 앞다투어 풍류를 노래하던 정자, 발자취를 따라가니 마음이 두근거린다. 조선 숙종은 망양정에서 바라보는 경치가 관동팔경 가운데 제일이라 하여 '관동제일루'라는 현판을 하사한다.

정철 선생은 "하늘 끝을 못 보고 망양정에 올라서 하는 말이 바다 밖은 하늘인데, 하늘 밖은 무엇인고 가뜩이나 노한 고래 누가 놀라게 했길래 물을 불 거니 뿜거니 어지럽게 구는구나."〈관동별곡〉 중의 '망양정' 절경을 이렇게 노래한다. 드넓은 바다를 바라보며 누구라도 풍광에 취해 시가 절로 나온다. 뻿어 난

비경은 가히 망양정은 관동팔경 중의 으뜸이다. 그 절경에 취해 모두가 시 한 수를 읊었으니, 선인이 망양정을 낙성한 이유지 싶다.

망양정에서 바라본 동해안 풍광이 절경이다. 풍경에 심취되어 도포를 질끈 동여매고 [8]세조대細條帶 흩날리며 시를 읊는 선비의 모습이 얼핏 스친다. 겸재 정선이 그린 망양정을 보면 깎아지는 듯한 바위 절벽 위에서 파도가 너울거리는 동해안을 굽어본다.

망양정 뒤로 송목이 우거져 그 빼어난 비경 앞에 모두가 넋을 놓는다. 예나 지금이나 화가는 망루에서 웅장하게 서 있는 망양정을 화폭에 담는다. 화선지 위에 너울거리는 붓놀림 가늘고 굵게 번지는 바림, 정자를 휘감은 은은한 묵향에 취한다. 점 하나를 찍고 휘몰아치듯 화폭 위에서 창조되는 선비의 산수화 그 멋스러움에 숨이 멎는다.

정자에서 글과 그림으로 세상을 논할 때 단원 김홍도는 농촌이나 전원 등 생활 주변의 풍경을 사생하는 데 관심을 두었다. 무동도, 씨름도, 대장간도, 주막도 등 지난한 서민의 소소한 일상을 그림으로 표현했으니 그나마 위안이 된다.

---

8 가는 끈을 뜻하며 비단실로 엮어 만든 얇고 좁은 띠임.

누정에 매료된 나는 시간만 있으면 정자를 찾는다. 동양의 건축을 사진으로 기록하여 산수 담채화처럼 자연경관을 데생으로 화폭에 담아 소통한다. 꽉 채우지 않은 여백 고매한 인품과 학문이 녹아내린 망양정 풍경처럼 사색할 수 있도록 화폭 위에 여백을 남긴다. 고요한 사위 한 폭의 그림으로 세상과 소통하려 소맷자락을 움켜잡은 화가의 마음도 이러했으리라.

산세가 수려한 곳에는 정자가 있다. 기암절벽과 송림이 둘러싸여 뛰어난 경치가 있는 곳의 정자는 운치를 더한다. 관동팔경만 해도 그렇다. 한반도의 척추인 백두대간 줄기로 이어진 동해안의 명승지에 풍류와 시선이 곳곳에 남아있는 정자이다.

나는 양반과 서민들의 차별화된 생활로 양반가들이 즐겼던 곳이어서 애써 외면한다. 명예와 직책에 연연하지 않고 후학을 양성하는 깊은 뜻이 있음에도 양반가 권문세가의 풍월을 읊는 유희 장소라 여겨져 일부러 거리를 둔다. 누구나 호의호식하고 싶다. 벼슬아치들의 풍류 문화로 한가로이 즐기는 모습은 서민들의 서글픈 삶의 눈엣가시가 되어 아프게 찔렀으리라. 마음이 궁핍하면 세상을 탓한다더니 쪼그라든 마음에 가시를 세운 고슴도치처럼 화가 치민 내 영혼이 슬프다.

시인 묵객의 심금을 울렸던 아담한 정자이다. 살펴보면 건물

안에서 밖을 바라보는 경치를 더 중요시한 것 같다. 수려한 곳에 사방이 훤하게 트인 고아한 정자를 떠나지 못한다. 이곳에서 세상을 논하고 끊임없이 학문과 덕성을 키우며 꼿꼿한 선비정신을 다스렸으리라.

노송이 울창하고 햇살에 더없다. 맑은 물이 흐르는 벼랑 위에 정자를 짓고 선인은 제자들에게 수학을 양성한다. 도를 닦는 마음으로 흰 도포에 좌선한 유생들의 학문을 논하는 차담 모습이 눈앞에 펼쳐진다. 신의를 중요시한 선인은 세파에 부딪혀 상처 난 마음을 자연에서 수련했으리라.

선비의 얼이 담긴 곳이다. 선비의 읊은 시는 신의를 지키는 우리의 정신문화를 떠받친 주춧돌이요 기둥이리라. 이 시대 정신적 빈곤을 채울 수 있는 숨결이 살아있는 정자가 아닐는지. 삶을 배우는 데 일생이 걸린다고 한다.

현세대의 직책과 높은 자리에 매달리는 이들에게 선비정신은 가슴 깊이 울림이 있으리라. 진정 나는 명예와 권세에 연연하지 않았는지 허울 좋은 문인이라는 이름만 붙여놓은 아둔함은 없는지 되뇌어본다. 수년 동안 문단에 입회하여 글을 쓴다고 쫓아다녔는데 아류는 없었는지 우려가 앞선다.

세상을 굽어보는 망양정에서 나 자신을 먼저 신뢰하며 무늬만 어른이 아닌 진정한 어른의 삶을 영위하고 있는지 상념에 잠긴다.

밤의 서랍

초판 1쇄 인쇄 | 2025년 11월 13일
초판 1쇄 발행 | 2025년 11월 20일

지 은 이 | 임현택
펴 낸 이 | 노용제
펴 낸 곳 | 정은출판
편집 및 디자인 | 김상희

출판등록 | 2004년 10월 27일
등록번호 | 제2-4053호
주   소 | 04558 서울시 중구 창경궁로 1길 29 (3층)
대표전화 | 02-2272-9280
팩   스 | 02-2277-1350
이 메 일 | rossjw@hanmail.net
홈페이지 | www.je-books.com

ISBN 978-89-5824-526-1 (03810)

ⓒ 정은출판 2025
값 13,000원

* 이 책은 충청북도, 충북문화재단의 후원으로 문화예술육성지원사업의
  일환으로 지원받아 발간되었습니다.
* 잘못된 책은 교환해 드립니다.
* 이 책의 판권은 지은이와 정은출판에 있습니다.
* 양측의 서면 동의 없는 무단 전재 및 복제를 금합니다.